歴史文化ライブラリー
283

ある文人代官の幕末日記

林鶴梁の日常

保田晴男

吉川弘文館

目　次

日記が語る文人幕吏の人生—プロローグ

作家夏目漱石は、あるとき少年時代に愛読した文章についてふり返り、「林《はやし》鶴梁《かくりよう》全集も面白く読んだ」と、談話筆記『余が文章に裨益《ひえき》せし書籍』の中で語っている。ここにいう『林鶴梁全集』は、幕末から明治の初めにかけて生きた文人林鶴梁が、漢文をもって著した著作集『鶴梁文鈔《かくりようぶんしよう》』を指すと思われる。慶応三年（一八六七）生まれの漱石は子どもの頃から漢文に親しむ環境に育ち、成人の後も、「文学」といえば中国古代の史書「左・国・史・漢」であって、また一概に文学といっても、従来から漢学でいわれるそれと、英文学とは異質なものという意識を持ち続けたという（『文学論』）。また、みずから漢詩文を得意としたことは、漢文の作品『木屑録《ぼくせつろく》』があり、また、ある時期を除いて生涯漢詩の創作を続けたことでも知れよう。とくに『明暗』執筆中に絶命する晩年には、七十五首もの漢詩を連作している。後にこうした文学生活を送ることとなる少年夏目金之助の心に、『鶴梁文鈔』がなにがしかの印象を刻んだものと見える。

また、漱石には遅れて大正から昭和へかけて江戸研究の大家となった三田村鳶魚《みたむらえんぎょ》は、『快男子喜剣』という小文に次のように述べている。

私どもの少年の頃、誰も彼も「鶴梁文鈔」をよみましたが、往々暗誦する者もあって、散歩の途上などで、朗々と得意に読み立て、もいました。

こうした二つの記事を見ると、この本が明治から大正にかけて、若い人たちの間に愛読書として広く読まれていたらしいことが分かる。今でこそ名を知る人はまれとなってしまったが、戦前の昭和前期までは、この中の文章が旧制中等学校漢文の教科書に採用されるほどによく知られていた。

この『鶴梁文鈔』の著者林鶴梁は、幕末に遠州中泉（静岡県磐田市）の代官を勤めるなど、幕府の役人だった人で、名は林伊太郎（初め鉄蔵）といい、これまで一般には漢学者林鶴梁としてその名を知られていた。ただしこの人は漢学者といっても、いわゆる学究の徒というのではなく、詩文や書画、それに酒と人を愛する「文人」の名こそふさわしい。またそのかたわら、藤田東湖《ふじたとうこ》との出会いがきっかけとなって、水戸派朱子学などの流れに起こった尊皇攘夷という、時代の転換に大きな影響を及ぼした政治運動に何らかのつながりを持ったと見られる。そしてこれが縁となって徳川斉昭《とくがわなりあき》・鍋島斉正《なべしまなりまさ》・真田幸貫《さなだゆきつら》などその系統にある大名、水戸藩改革派の有志、日下部伊三次《くさかべいそうじ》・桜任蔵《さくらじんぞう》をはじめ桜田門外の変の高橋多一郎らともつながってゆく。なかでも老中水野忠邦《みずのただくに》の信頼を得て天保《てんぽう》の改革の一翼を担った前記真田幸貫には、格別な恩顧を受けた。

林伊太郎鶴梁は、もと二十俵二人扶持、鉄砲箪笥《たんす》組同心という最下級の御家人出であったが、三十七歳には御目見得《おめみえ》を果たして勘定方へ進み、旗本の末席に連なることとなった。

図１　林鶴梁画像

この異例な出世は、当人の資質のほかに佐藤一斎《さとういっさい》・松崎慊堂《まつざきこうどう》・長野豊山《ながのほうざん》といった当代一流の漢学者の門人として、また文人官吏として手にした人脈がある。これには幕末の外交に活躍した川路聖謨《かわじとしあきら》・井上清直《いのうえきよなお》の兄弟をはじめ、伊沢政義《いざわまさよし》・浅野長祚《あさのながよし》・水野忠徳《みずのただのり》・岩瀬忠震《いわせただなり》など幕府内部の開明派官僚らがいる。

折しも世はペリーの二度の来航があり、日米和親条約・通商条約の締結、これをめぐる朝廷と幕府との対立、さらに将軍継嗣問題に端を発して安政《あんせい》の大獄《たいごく》・桜田門外の変と、いよいよ動乱の幕末へ歴史の歯車がまわり始めるときに遭遇する。この時期にたまたま遠州中泉・羽州柴橋《しばはし》の代官だった鶴梁は、安政の東海地震、続く天竜川・大井川の大洪水を直接体験し、その時局を憂える思いとはかけ離れて、当面の災害救援対策に全力を注ぐことになる。また、福井藩士橋本左内《はしもとさない》と巡り逢って、互いの思いを打ちあけ語り合ったのもこの時期だった。こうした文字どおり揺れ動く時代の波のさなかにあって、鶴梁は胸の内には尊皇攘夷の熱意は抱きながらも、目の前にある管内の治安維持や民政の安定、災厄に苦しむ民衆の救済など代官の職務に力を尽くす。以後、御納戸《おなんど》頭《がしら》を経て布衣《ほい》の身分となり、短期間ながら新徴組《しんちょうぐみ》支配にまで出世する。幕末という、波乱に満ちた大きな時代の流れの中に生きて、その流れに直接関わりを持ちながら最後まで歴史の表舞台に出ることもなく、ただ一幕吏として誠実に職責を果たし、やがてその幕府と運命をともにして終わった。

こうした人生を歩む鶴梁が、ちょうど働き盛りに当たる三十八歳の天保十四年（一八四三）から五十六歳の文久元年（一八六一）まで、途中欠落はあるものの約十九年にわたる日々の暮らしぶりを日記に書き残した。その記事には、職務に関わる事柄、漢学者としての生活やさまざまな人間関係、また一つの家族の中での、夫あるいは父としての暮らしぶりなどが記されている。

『林鶴梁日記』は、天保十四年正月に始まる。その一月十六日の午後、彼が日ごろ師事していた幕末の儒学者松崎慊堂を訪れたとき、日記に使うようにと慊堂から「白冊一巻」をもらい受けたという記事がある。この記事から推してみると、彼はおそらくこの年から、きちんとした日記を書き起こしたらしい。もっともこの日記を通読すると、筆者の記録癖はかなりのものと分かるので、現存する日記の前後にも、あるいは何か書いていたのかもしれないが、今のところ、この十九年間の内の実質十三年半あまりの分が残るばかりである。

また、この天保十四年は、いわゆる天保の改革が終末を迎えた年に重なる。鶴梁は前年六月から勘定方評定所留役助《ひょうじょうしょとめやくすけ》という職にあり、この改革の末期、役所で印旛《いんば》沼干拓と上知令《あげちれい》の前後のいきさつなどを耳にしている。また、改革の推進者水野越前守は、評定所の仕事を通して上司でもあった。

閏九月十三日、越前守忠邦が老中職を免ぜられるや、その苛酷な政策に不満を抱いていた群衆がその屋敷の門前へ集まり、鬱憤《うつぷん》晴らしに乱暴を働いた。その様子を鶴梁は知人や門弟からの聞き伝えとして、「人、山の如く真っ黒にて、悪口雑言、表門・通用門ともに小便をしかけ、外より屋敷内へ石を投げ込み、このごとき悪人引っ込み候につき天気もよろしく、これより定めて天下泰平なりと、門前にて大声にて呼ばわれ候由」などと、日記の第一冊目に書き留めている。また、越前守の没落には大きな関心を持ち、巷間に伝わる見立て・数え歌・狂歌の類までも書き集めた。

鶴梁はこのひと月前に何かの事情あって評定所出役を解かれており、その後しばらくは元役の勘定所にもどって閑職にとどまることになる。彼のこの左遷と、改革破綻とは直接関係があったというわけではないが、翌弘化元年（一八四四）五月には、今まで彼にとって直接の庇護者であった松代《まつしろ》藩主真田幸貫が老中の座を退いてしまう。これは当面、彼の幕吏としての出世にいくらかは影響しただろう。もっともこの後も幕府内の開明派の要人たちを知人あるいは友として持ち、また水戸藩の人的なネットワークを維持し続け、そうした人々との交流、また、詩人藤森弘庵《ふじもりこうあん》や絵師岡本秋暉《おかもとしゅうき》そのほか多くの文人たちとの交友を日記に書き記した。

一方、家庭にあっては、この同じ年の三月、長年連れ添った妻に先立たれ、その母を養い三人の子どもを育てなければならないという苦境に立つことになる。間もなく再婚をするが家計は豊かとはいえず、蔵宿《くらやど》に質屋に妻の実家にと毎月借金をしながら、辛うじて武士としての体面を保つという生活、小遣い一日百文という決心までするが米屋の払いもままならない。そのうちこの後添いの妻が継子《ままこ》との確執から突然家出をし、長男の協力を得て苦心の末やっと元の鞘《さや》に収める、という、貧しい下級旗本武士の、父として夫としての日頃の暮らしぶりと苦労のほどが書き込まれている。

今、日記を読むと、このような暮らしをしながら日ごろ酒と詩を愛し、書画をもてあそぶと同時に、多くの人々との交流を通して世の動きには人一倍の関心を持つ、一人の勤勉な文人官僚の像が浮かび上がってくる。そして、その社会認識をもとに、みずから得意とする文章の力をたのんで積極的に要路の人々に近づき、微力とはいえその口舌と文章をもって政治社会に参加する意欲を絶やすことがない。この姿勢には、単なる文人の域を出て、動乱の世を生きる知識人の一つの姿を見る思いがする。しかも彼はこうした時代の波の中にあって、ほかの何人かの同志たちのようにその波に呑み込まれてしまうことなく、当面する自分の幕臣としての責務を地道に果たしてゆく。幕臣である以上、彼はみずから「危ない猿の綱渡り（橋本左内への手紙）」といった革命家の生き方はとらない。ほかの幕臣らと同様に最後まで徳川家への忠節を守り抜き、また家族をいつくしみながらこの激動の時代を生きた。維新後はかたくなに節を守り、幕府にとって変わった新しい権力からの誘いを拒んで隠遁《いんとん》の道を選んだところも、そうしたこの人の生き方からしてごく自然のものであったに違いない。

本書ではこの日記と、そのほかに残る何点かの少ない資料を通じて、鶴梁の体験した幕末史上のいくつかの出来事をはじめ、この特異な時期を生きた一人の文人、あるいは中級の幕臣の日常生活や生きざまを垣間見《かいまみ》る面白さを味わってみたいと思う。

なお、以下の本文の内容は、基本的に日記の記事と『鶴梁文鈔』の本文・評言をもととし、それ以外の典拠は文中に補記したか、または巻末に掲げた。また、本文中に引いた『鶴梁日記』と『鶴梁文鈔』中の本文は、なるべく読みやすいように漢字・仮名づかいや表記のしかたを改め、句読点・ふりがなを付け、記事は説明内容と関係ある部分だけを引用し、前後に記事があってもそれは省いた。文中に付けた傍点、および（ ）内の注記などはすべて著者によるものである。

江戸と甲府の生活

江戸の勤めと甲府への出向

評定所留役助

天保十四年（一八四三）三月二十八日、このとき評定所留役助《ひょうじょうしょとめやくすけ》という職にあった林鉄蔵は、辰ノ口（東京都千代田区丸の内一丁目）の役所で、越後国地蔵堂無宿《むしゅく》常吉二十四歳と浦和宿旅籠屋《はたごや》惣五郎方茶汲女《ちゃくみおんな》まさ二十四歳の、付け火に関わる取り調べ書を書き上げて帰宅した。

評定所というのは、今でいえば検察庁と裁判所を兼ねたような役所、留役とは直接犯罪者から子細を聞き出して調書を作り、法規・前例を勘案して罪科を内定するという難しい仕事ではあるが、それだけに当時幕吏としては将来に望みを抱かせる役職であった。

鉄蔵は前年の六月この職に転じて十ヵ月、日々使命感をもって誠実に職務に励んでいる。この日も日記に、次のような感想を記した。

右まさ儀、相州三浦郡浦賀領鴨居《かもい》村、髪結《かみゆい》渡世吉兵衛二女にて、十一歳の節、江戸麻布谷町、荒物渡世大和屋辰右衛門方へ子守奉公に罷《まか》り出《い》で、十八歳にて去る酉《とり》歳（天保八年）飢饉の節、両親困窮につき、茶汲み奉公に出で候。母は青山の松平左京大夫家来間部《まなべ》平次郎方に罷りあり候。平次郎妻はまさ姉なり、右はまことに憐れむべき事件に候。

私的な日記なので事件そのものの詳細は記されていないが、実際に火を付けたのは「常吉」だったようで、「まさ」はその手引きをしたのでもあろうか、いずれ放火犯は火あぶり、彼女は遠島の刑を科せられただろう。当時、この二人のように地方に住む若者たちは、貧しさばかりでなくさまざまな事情で都会へ、江戸へ出て来る例が多かった。百万都市といわれる江戸では、労働者や奉公人・使用人として、彼ら男女を求めざるを得ない状況にあった。このとき、当地に身元引受人のある場合はいいが、欠落《かけおち》などで引受人のない、あるいは不義理や何かの理由でこれを失った者の場合は人別帳《にんべつちょう》から外され、無宿となってしまう。まさは前者であり、常吉は「無宿」とあるので後者ということになる。彼女は十一歳のとき、今の横須賀市鴨居からおそらく姉を頼って江戸に出、荒物屋《あらものや》の子守をしていた。当時、母もまた江戸に出ていた。この荒物屋が、たまたまその頃に鉄蔵が住んでいた所に近い麻布谷町だったので、あるいは関心を持ったのかもしれない。ところが彼女が十七歳の天保七年、東北地方を襲った冷害と大風雨が、翌八年へかけて全国的な飢饉《ききん》をもたらす。天保の大飢饉である。東北各地では一村全滅するほどの多くの死者を出し、都会では米価の高騰、売り惜しみとなって人々を窮地に追い込み、これが原因となって大塩平八郎《おおしおへいはちろう》の乱《らん》が起こる。

この余波は三浦半島江戸湾内の一漁村にも寄せ、生計に苦しむ郷里の親のために、彼女は十八歳の娘盛りの身を茶汲み女奉公に出て、おそらく十両前後の前払い給金を親に送ったのだろう。茶汲女とは、本来、上野・浅草など社寺の境内や行楽地に軒を並べた休み茶屋（水茶屋）に出て給仕をする女、ということであったが、この頃には多く売春婦としての勤めを持っていた。

彼女の初めに雇われた先は本所長岡町一丁目、水茶屋渡世喜兵衛方であった。ここは横川法恩寺橋をはさんで、知恩院末の巨刹《きよさつ》浄土宗霊山寺《りようせんじ》に近く、日頃参詣人で賑わう場所である。この店での五年の月日が過ぎた天保十三年、彼女にとってはまたぞろ不運なことに、これも歴史に名高い水野越前守による天保の改革の一環として、吉原以外、江戸四宿内の岡場所の禁止、取り払いが断行される。このために、彼女はやむなく仲間の女たちともども、前記浦和宿に流れて行ったのだろう。また、いつしか常吉なるならずものとのかかわりも出来、こうした罪人となるまでに身を堕としてしまったようだ。ここに語られてこそいないが、彼女の茶汲女に出てからの七年間の人生を思えば、取調官林鉄蔵ならずとも「憐れむべき」ことといわざるを得まい。ただし残念なことに、この日記はあくまでも鉄蔵自身の私的な記録にとどまるものであったせいか、これ以上の詳しい事情は記されていない。

この一節を読むと、たしかに鉄蔵は法に厳正ないわゆる能吏というより、いかにも儒者・詩人らしく、情に篤い人柄だったように思われる。このほかにも博奕《ばくち》打ちで「源次郎」という罪人の潔い最期に感じて「代源次郎絶命辞并《ならびに》序」という長い詩文を作り、上司に見せたりしている。ところが彼のこの人柄は、当時の幕府治安官僚組織にとってあまりふさわしくなかったものと見え、この仕事は長く続けられないことになってしまう。

左遷される

この同じ年の五月十三日、林鉄蔵は願い出て「林伊太郎」と改名する。

そして九月一日、朝から冷たい雨が断続的に降る晩秋独特の陰鬱なこの日、伊太郎は月初ということで月代《さかやき》を剃り、髪を結い直し、いつもよりは少し改まった気分で、辰ノ口の評定所へ出勤した。

別に普段と変わらないその朝、役所で彼を待っていたのは一枚の申渡書、辞令だった。

御勘定

申渡

評定所留役助　林　鉄蔵

右の者評定所留役助御免申渡し、元掛り相勤むべく候

御殿詰番の同僚三浦千代太郎が、名代として組頭から手渡された書き付けである。五月に改名したにもかかわらず、ここでは旧名となっている。前年天保十三年（一八四二）六月にこの職についてからわずか十六ヵ月目のこの日だった。噂はすでに所内に広がっており、いずれ代官か新設の新潟奉行に栄転かとささやかれていたが、伊太郎には、そうした場合必ずあるはずの上司からの内話もなく、またほかに何の心当たりもなかった。昨日まで普段と何の変わることもなく出勤し、職務に励んでいたのである。いきなり背中を突かれたようなこのときの驚きを、これはどういうことなのか一向に分からない、と日記に書き留めている。同役の一人が惜別の涙を流し、調べ所の入口まで見送ってくれた。

このときの伊太郎の職、評定所留役助は、本来勘定役すなわち税務会計課員の身で「助」として出向していたので、ここではその出向を免ぜられて、ただ元の勘定役にもどったというだけのことなのだが、この場合、いくらか事情が違っていた。当時、この役職は直接民情に接し、法規を駆使するという職務柄からして、後の出世のチャンスに恵まれたポストだったからである。たとえば、後年幕末外交に活躍した幕臣中屈指の能吏川路《かわじ》聖《とし》謨《あきら》は彼より五歳年上で、一地方の代官手付《てつき》の子として生まれながら、留役を経たのち当時

普請奉行の役にあり、やがては勘定奉行・外国奉行などの要職を占め、危機に立つ幕末の国政にその実力を振るうこととなる。したがってこのたびの申渡は、伊太郎にとって、こうした将来への夢を断たれたということを意味した。

しかもこの左遷は後に述べるように、不運にも糟糠《そうこう》の妻久《ひさ》を失ったあと、老母と三人の遺児を抱えた家庭生活を維持すべく、再婚話のまとまりつつある矢先の出来事でもあった。

そこで彼は、なぜ自分がこうしたことになったのか、左遷の理由が知りたかった。考えた末に上司の一人、勘定奉行跡部能登守との間に意見の対立があったことに思い当たり、この日すぐさまそれを別の上司戸川播磨守に面謁して糺《ただ》してみるが、決してそんな理由ではなく、いずれそのうちなにか新しい仕事を仰せつけられるだろうと、「口の内にて」話があったという具合で、結局何も分からずじまいで終わってしまう。

またそればかりでなく、現実的には、評定所留役の役高二百俵と役扶持（部下の扶持米）の二十人扶持（助は十人扶持、日記九月二十九日条）が、もとの勘定方百五十俵に減ることをも意味していた。この左遷による実質的な収入減は、この後しばらく彼の生活を脅かし、日記には、蔵宿と質屋へ借金通いの記事がこれまで以上に出ることとなる。自分の日常にも「今日より一日百文にて小遣い仕舞い申すべく、もっとも薪炭・味噌・醤油はもちろん、客入用は別にいたし候つもり」小遣いは一日百文、ただし家計費、客の接待費は別、という節約を課した。この小遣い一日百文、一ヵ月三貫文弱で、家計費・接待費以外の、役所の関係者や知人・友人との交際費そのほかすべてを賄おうというわけだ。百文の使途がよく分からないので小遣いとしての多寡は不明だが、こうした節約をみずからに課したということは、これからのかなり厳しい暮らしを予想したからだろう。このあと、米屋が集金に来たときに「当月末までは相渡しがたき旨申し遣わす」などという記事も出てくる。

こうしてこの日、彼にとっては人生未曾有《みぞう》の衝撃に遭った後というもの、出勤の意欲を失ったのか、翌日から「臥褥《がじょく》」あるいは「不快、在宿」として、九月・閏九月・十月と約三ヵ月近くもの間にわずか十七回出勤しただけで、あとは休み続ける。昨今いうところの神経症か、それとも上司の陰険なやり方に対するサボタージュか。途中出勤した折に、目眩《めまい》がして早退もしているので、あるいは前者であったかもしれない。

この間に長崎奉行支配組頭転任の話が出て、人からも勧められるが、老母を江戸に残すことを理由に断っている。そして、同僚や上司にたびたび出勤を促され、ついに十月二十三日は勤務先の下御勘定所へ出勤した。この日、直属の上司帳面方組頭の小高登一郎から

掛替え等にて立腹、内心意を得ざるの儀をもって勤めずのわけにも候わば、改心いたし出勤致すべく、かつ又格別の御取り立てにもこれあり候筋をも勘弁これあり（よく考え）候わば、なおさら御出精これあるべき旨。

という注意を受ける。発令の前日まで元気に勤めていた者が、当日以後こう長く続けて欠勤するとあっては、このたびの係替えという人事に不満あってのことと勘ぐられてもやむをえまい。今の世でさえ、こうしたことが通るかどうか怪しいところだ。「格別の御取り立て」とは、老中真田幸貫《さなだゆきつら》の推挽を暗示したものかもしれない。ともかくこの注意を受けた後は、もう休むことなく毎日出勤するようになった。

　ところでこの長い欠勤の間、彼は何を考えていたのだろうか。

　まず五日、「病間所得序」という一文を草し、自宅に開いていた私塾の塾生に見せている。この中に、私は評定所の留役として正しく罪科を断じて来たつもりだが、非才の身で誤りも多く、こうして職を免ぜられるのも無理もない、むしろ自分としては感謝しているくらいだ、と痩せ我慢を述べたあと、これからの仕事は忙しくはあってもただ帳簿を見てさえいればいいのであって、「また人の死生を談笑の間に決することなし」と、ごくさりげなく当時の評定所内部の実態を述べているのは面白い。腹いせの告発とも取れなくはないが、少なくとも伊太郎がこうした役所の雰囲気に反発を感じていたというのも間違いなかろう。望む者の多いこの出世コースの入り口には、学問所出の秀才や親の勤めた職をそのまま引き継いだ者、幕府の要路に何かの縁故を持つ者が集うていたに違いない。その彼らが、卑しい庶民に属する罪人の人生、生命などにはさしたる関心を持たず、事務的に職務を取りさばいていただろうとはこれも想像に難くない。そうした仕事の間には、一人の博奕《ばくち》打ちの最期も、一娼婦の哀しい末路も談笑の話題となっていたであろう。この座敷に同坐して苦々しい思いを押し殺しつつ日々の勤めに励んでいるのは、彼にとって、やはり苦痛だったかもしれない。こうした「おつき合い」からの解放感を述べたこの一節は、苦し紛れとはいえ、一面真実を語っているといってもよかろう。二十余年後の崩壊に向けて傾きかけてはいても、徳川二百五十年の間に完成された幕府の官僚機構は、多くの能吏たちの優れた才能によってまだしっかりと機能していた。こうした司直《しちょく》の組織の一部となって冷静に勤むべき公務に、とかく情を持ち込みたくなるおのれの性《さが》を悔いてでもいたであろうか。

次にどうしても気になる左遷の原因を、先に勤めていた御徒目付《おかちめつけ》当時の上司や同僚を通じて調べている。その結果は、本人は評定所勤めに不適格、という上司跡部能登守の判断によるものらしいと知る。さらに探索してみると、要するに組織の手順を踏まずに、自分の一存でさっさと仕事を進めたことが、仲間の顰蹙《ひんしゆく》を買ったせいらしいということが分かった。ともかく放火犯の女に同情を示したり、獄門《ごくもん》となった博奕打ちになり替わって詩を作ったり、なかでも当の能登守の尋問には頑として口を割らなかった罪人に自分が直接尋問し、利害を話し聞かせたところ、実情に感じて残らず白状に及んだので、「小生もこの吟味は随分かなりに出来候と存ぜられ候」と得意になって記しているあたりが、かなり危ない。「仁」を説く儒学者としての資質といい、興至ればすなわち詩賦を成すというその詩心といい、司直の立場に立つ者としては、まさに「不適格」のレッテルを貼られてもまた無理もないところといえよう。

ともかくこの後二年余というもの、彼はまじめに大手門番所裏の下勘定所へ出勤し、代官や遠国《おんごく》奉行の提出する年貢などの精算書の内容を点検する帳面方奥書掛という閑職にあるかたわら、詩人藤森弘庵《ふじもりこうあん》や画家岡本秋暉《おかもとしゅうき》などの文人、さらに藤田東湖《ふじたとうこ》ら水戸藩攘夷派の藩士らと日夜親しい交わりを結んでいた。また危ぶまれた再婚の縁談は、門弟中井虎之助の姉、中井庫子《くらこ》との間で無事まとまり、この年の十二月輿入《こしい》れがあって婚儀を挙げ、めでたく納まる。

そして三年後の弘化三年（一八四六）の正月には、甲府勤番の番士に儒学教育を施すために開設されていた甲府徽典館《きてんかん》の学頭として甲府へ単身赴任し、得意の分野である『論語』『資治通鑑《しじつがん》』『詩経《しきょう》』などを講じて一年を過ごすことになる。なお、老中首座水野越前守がその座を追われるのは、伊太郎左遷の翌月、閏九月であった。

甲府徽典館へ出向

弘化三年（一八四六）、伊太郎鶴梁は勘定役から「小十人大久保市郎兵衛組」に転ずると同時に、そのまま甲府徽典館学頭出役（出向）を命じられた。諸方へ挨拶に回り、真田信濃守・川路聖謨からは送別の歌をもらう。三月六日朝、春雨の煙る中、家族を家に残して二十二人の供揃いで江戸を出立、甲州街道を三泊四日かけて下り、九日の正九つ時（正午）頃に甲府へ到着した。

　甲府城外処々、桃花・桜花まさに開く、春容江戸と相異ならず。

という第一印象を、日記に書き留めている。

　彼が着任した甲府徽典館は、甲府勤番の番衆とその子弟らへの儒学教育を目的に、寛政九年（一七九七）、江戸昌平坂《しょうへいざか》学問所とときを同じくして設置された甲府学問所の後身である。日記には、その前同八年に、石阪竿斎《かんさい》宗哲という鍼科医師が、自宅において医学を講じたのが創始とあり、また、文化二年（一八〇五）、白河城主越中守松平定信の書になる「徽典館」の額字を写しているところからして、この年には名称も変わったものと見え、なおそこには林述斎（林衡《たいら》、大学頭）選字という注記もある。この後、鶴梁が赴任する三年前、天保十四年（一八四三）、学舎が甲府城追手門外に新しく改築され、教材図書として江戸城紅葉山文庫《もみじやまぶんこ》蔵書の一部が移された。このとき学頭の出役も定まり、授業は隔日とすること、また在府勤番士ばかりでなく、町人までも含め有志の者への教育機関として位置づけがなされた。昌平坂学問所分校の体はなすものの、『論語』『小学』講釈に限っては支配みずから出席し、番衆全員に受講させたというところ、また別枠の講座を設け、一般庶民にも広く門を開いたというところがそれとは異なっていた。鶴梁はその三代目学頭として、ここに単身赴任したのである。

鶴梁の着任当時、勤番支配は一色丹後守直休《ちょくきゅう》・戸川因幡守広明であったが、このときは一色丹後守のみ在番であった。徽典館は教務に当たる学頭二名、一年交代の出役をもってあて、鶴梁のほかに田辺新次郎（元老院議官田辺太一の父）が同行している。このほかに勤番衆から頭取二名が事務担当、その下に世話役八人・助読十一人という体制で、番士ら二百七十人余の指導に当たっていた。甲府勤番といえば、俗に「山流し」と呼ばれ、小普《こぶ》請組《しんぐみ》や、なにか失態を演じたり素行の良くない旗本や御家人らが懲罰的な意味で派遣されるもので、その気風は全体に弛緩《しかん》し、自堕落な生活ぶりをする者も多かったという。こうした番士たちすべてに『論語』などの講釈を聴かせ教育を施すことは、またなかなか難しいわざだったろう。ともかくこの当時、学頭としての彼自身の授業は次のようであったらしい。

二の日　『論語』講釈・『通鑑綱目《つがんこうもく》』講読
七の日　『史記』会読
三・六・十六・二十三・二十六日　『詩経』輪講
九の日　『左伝』（『春秋左氏伝』）輪講

この他に、早朝の素読《そどく》、作文会・作詩会、ほかに「在町講釈（町人有志を対象とした小学講義）」などといった授業を行っている。正規の「講釈」は、鶴梁が『論語』、替わってもう一人の学頭田辺新次郎が『小学』を講じている。輪講や作文会・作詩会も同様であった。日記にある出席者数のメモを見ると、鶴梁の論語講釈受講者はおおむね二百人から二百五十人前後だったようだ。在町小学講釈は四月六日の初日わずか十二人であった出席者が、六月には八十余人までに増えたことを「丹州大悦」と、誇らしげに記している。作文会や作詩会はもっと小人数のもので、十五、六人の受講者に「送友人之薩州序（友人の薩州へゆくを送るの序）」とか「笛川汎舟（笛吹川に舟を浮かべる）」などといった題を出して、その場で文章や詩を創作させ、添削を施して返すという形の授業を行った。

弘化三年（一八四六）三月十二日には最初の講義が行われた。この日の聴衆は次のとおり。

聴者出席三百九人

内（御目見）以上二百三十四人、外に十八人、支配一人、（御目見）以下六十四人

朝八時に衣服を改めて官舎を出、前任者の家へ立ち寄る。そこで同役の田辺新次郎と落ち合い、もう一人の前任者とも四人で徽典館へ出勤した。そこで鶴梁が『論語』巻頭の二章を講じ、終って同役の田辺新次郎石庵が『小学』を講じた。

これが着任して最初の授業で、普段は素読のある日は午前八時以前に早朝出勤、その他は午前九時から正午まで『論語』の講義、午後のある日は午後二時まで史書の『通鑑綱目』となっていた。

聴講者には春秋の二期ごとに試業があり、春は『小学』『論語』『詩経』の三科目、秋試は二日にわたって、文章科・経書《けいしょ》科・史科の別に、四書五経ほかが課せられた。成績優良者と精励出席者には褒賞が行われたが、これは学習意欲の刺激を図ったものであろう。また、自宅にあっても好学の子弟を集め、『八大家文』や『小学』の読書指導、詩文の創作指導など多忙な日々を送っていた。彼自身は江戸末期の文章家として名高い長野豊山《ながのほうざん》の門で作文を修め、経書の研究や詩作よりも文章を得意とし、時節柄、時務の論策に情熱を傾けていたので、その作文指導は際立ったものであったはずだ。「支配」は前記一色丹後守のこと、支配みずから率先して毎回出席という熱心さだった。鶴梁は以後、嘉永五年（一八五二）七月に丹後守が田安家家老に転ずるまで、この人との間に親しい関係を持った。

また鶴梁は、御目見《おめみえ》格ながら家禄わずか二十俵二人扶持という最下級の旗本という気安さもあってか、生来の客好きも手伝って、学習に通う若い弟子たちのほかにも来訪者が多く、彼らとたびたび酒食をともにしている。これは番士とその子弟、徽典館関係者ばかりでなく、医師や出入りの商人、近郊農家でも書画・詩文に関心を持つ者、志を抱く人々が訪れていた。なかでも猪狩《いかり》村（甲府市猪狩町）百姓長田円右衛門《おさだえんえもん》とは格別親しみ、初冬の一日、彼の案内で完成したばかりの渓谷に沿った新道を通って御嶽《みたけ》神社参詣に出かけている。

この日十月五日は朝五つ半（九時）に出立、城下から一五キロ近い山道を五時間前後かけて歩き、円右衛門宅で休憩、蕎麦《そば》などの接待を受けた後、神社に参拝し、帰路は旧道をとって八つ（午後十時）頃、星を仰いで帰宅した。渓谷を行くときは、次々と現れる奇岩怪石に目を驚かせ、それらの呼び名を書き留めたり、渓流の岩に遊ぶ獺《かわうそ》を見たりしている。また、屛風岩の下に建つ乙骨耐軒《おとぼねたいけん》筆・浅野梅堂《あさのばいどう》書になる石碑を見る。この二人とはいずれも旧知の間柄だった。御嶽神社参拝のみやげに虫切りのお守りとなるという京出来の土鈴《どれい》、大二つ（一個八文）・小六つ（五個一二文）を買い求め、「甚《はなは》だ奇物也」と記した。

この円右衛門とは帰府後も長く親交が続き、鶴梁が代官として遠州に赴く嘉永六年の秋まで、たびたびに及ぶ彼の出府に際し、麻布谷町の鶴梁宅がその定宿となる。彼はここをベースとして浦賀や川越にまで足を伸ばし、また浅野梅堂や桜任蔵《さくらじんぞう》（村越芳太郎）を訪ねたりもしている。鶴梁訪問の折は必ず子どもの玩具や甲州の土産を持参し、「円右衛門持参の蕎麦、同人手打ちにいたし、家内中満腹」などといったほほえましい記述も見える。

長田円右衛門は、叔父勇右衛門とともに、今、御嶽昇仙峡《しょうせんきょう》沿いにある道路を新道として開削する事業を成し遂げた篤志家。この人の徳を讃え、絵師で当時石和《いさわ》代官所の属吏でもあった吉田善四郎柳蹊《りゅうけい》が彼の画像を描き、鶴梁がこれに賛を添えた。この賛はのち嘉永四年に福山藩儒で書家の小島《こじま》五一（成斎《せいさい》）に頼んで清書してもらい、画像といっしょに添え書きを付けて善四郎の上司、石和代官の佐々木道太郎宅へ届けた。円右衛門はちょうどこの頃もひと月近く鶴梁宅に滞在していたのでその使いに立っている。この画像と賛が石碑となって、今は甲府市能泉地区、昇仙峡沿いの路傍に残っている。円右衛門は鶴梁が

図2　長田円右衛門顕彰碑（吉田柳蹊画・林鶴梁賛，甲府市能泉所在）

遠州中泉に在任中の安政三年（一八五六）、六十二歳で没した。

鶴梁はこの昇仙峡のほかにも、一両人の供連れで近郊を巡るのを楽しみとしたようで、府中を巡り歩き、塚原村恵運寺《けいうん》に武田信玄の墓所を訪ね、境内にある信玄手植えの梅を見たり、酒折社《さかおり》・善光寺《ぜんこうじ》そのほか諸寺の参詣などと、こまめに廻っている。離任の春には一日がかりで御坂峠《みさか》に登って心ゆくまで雪の富士を眺め、その姿をスケッチして帰った。また、甲斐《かい》大久保氏の系譜探索や、当地で盛んな果樹・楮《こうぞ》・桑の栽培と収益、東光寺村の桃園や、山梨郡の二つの村で行われる天厨司祭（陰陽道の天厨地府祭《てんちゆうちふさい》か）という奇祭など、民間の事情について興味を持って書き記し、また、好物の蕎麦は連雀町の吾妻屋、鰻は横倉田の新兵衛が一番とか、行商が初鰹を売りに来たなどという暮らしぶりを思わせる記事もある。初鰹は二尺ほどの大きさで、値段は二貫文というから一両の六分の二、今の金に直すと約一万四、五千円と、甲府は海に遠いとはいえ、ずいぶん高価だったらしい。

こうして一年の在任期間を惜しむかのように、教育活動・交友・探訪にと充実した生活を送り、翌弘化四年三月六日の在町講釈を最後として任期を果たす。同九日、親しんだ門弟や知人の見送りを受けて帰府の途についた。このとき猪狩村の円右衛門は供として従い、麻布の自宅に帰着、彼はなお二十八日までも滞留する。この鶴梁の甲府での活躍は、もちろん勤番支配両名の称するところとなって、上司から学頭再勤の勧めを受けるが、当人はこれを拒んでいる。これは、彼が早くから青雲の志を抱いていたこと、また、攘夷を志して水戸藩・福山藩・佐賀藩ほかの同志や開明派の幕臣と交わりを結んで、海防策を論じたり、彼らを支援していたという事情が、江戸を離れがたくもしたのであろう。

一方、徽典館は、この後も学頭として岩瀬《いわせ》忠震《ただなり》（のち肥後守、外国奉行）・矢田堀景蔵（のち讃岐守、海軍総裁）・田辺太一（鶴梁の同役新次郎の子で、のち外務大丞《だいじょう》・元老院議官）などといった、いずれも後に幕末から明治にかけて国政に参画することとなる、錚々《そうそう》たる教授者を江戸から迎えている。鶴梁学頭のとき以外の受講者の動向については資料がないため今は分からないが、当時各地で繁盛していた私塾・寺子屋・手習い塾とならんで、こちらは官学として、民間一般にも門を開いていたという意義はいずれ大きいものがあったろう。甲府徽典館はその後、山梨大学・県立第一高等学校となって現在に至っている。

栄転、野心を燃やす

林伊太郎は、弘化四年（一八四七）三月、甲府徽典館学頭の任期一年を終えて帰府した後、いったん現職の小十人《こじゅうにん》組に戻り、当番日に江戸城内の檜の間勤番の生活となった。小十人組は戦時の将軍直属部隊兵士という役だが、長い泰平の世にあってはまったくの閑職、普段は月に四回ほど泊まり番をするのが勤めで、一組二十人、彼が勤めた嘉永時には七組、百四十人という組織だった。ただし彼にとってこの役は、初めから徽典館学頭に任ずるために用意された役職だったものか、あるいはその一年間の実績が評価されたものか、同年の十一月七日には、実質在任七ヵ月という短さで新番へ番替えとなり、役高が小十人の百俵十人扶持から二百五十俵と増えたので、これは栄転ということになる。

新番は将軍が外出するときに先駆して護衛を務める役で、一組二十人、江戸城本丸に六組と二の丸に二組、彼の所属した押田近江守組は本丸中の間詰めで、組頭片山三七郎以下番士の平常勤務は七名で足り、ほかに二名が急場の交代要員として待機する形となっており、月に五回だけ出勤すればいいというのどかさだった。将軍外出といっても上野寛永《かんえい》寺《じ》・芝増上寺《ぞうじょうじ》と城内紅葉山霊廟参詣の護衛ぐらいのもので、ごくまれに駒場野の鹿猟のお供がある程度であった。勤務は普段の内勤はいずれも宿直勤務を伴い、出勤時間により朝番・昼番と夕番があって、夜は不寝番《ふしんばん》もあり、退出はおおむね翌日の朝四つ時、すなわち午前十時頃となっている。要するに二百余年続いた平和の世にこうした組織はほとんど形骸化し、ただ幕臣の生活と体面を維持するための冗官に等しいものとなっていたのである。しかも護衛というその職の性質上、当然武技は必須だったにもかかわらず、彼にはこれが不得手であったと見え、「武術御見分」の機会はすべて免れるように手配して参加しなかった。それでもあるときはそうとばかりもいかなかったものか、自分の長男やその師から神道無念流剣術の稽古を受けたりしている。これは嘉永三年（一八五〇）二月からほぼ毎日「演武」として続くが、それも半年と持たず、七月になるとなぜか得意の卜筮《ぼくぜい》を見て止めてしまう。こんな具合で済んだのは、この仕事も泰平の世なればこそ彼にも勤まる職だったからだろう。こうして嘉永六年六月、代官に転ずるまでの約六年間、彼はこの役職にあった。

なお、この新番は八組、当時、在職百七十七人（頭八、組頭八を含む）で、そのうち百俵以下九人、林伊太郎の二十俵二人扶持は最低の家禄だった。本人はこの立場に何の頓着もなく、普通に組仲間とのつき合いもし、勤めに励んでいる。しかし、その胸中には野心を抱いていた。

史を読んで感あり。外史を読み、織田氏桶狭《とうきよう》戦勝の際に到り、覚えず快を称《とな》うるなり。この時において余、英気勃々《ぼつぼつ》、自奮して曰《いわ》く、「我まさに一大事業を成し、もって天下後世に名を顕《あらわ》さん。但し、今日に当たっては昇平の日久しく、武事をもって功名を取るべからず。しかるといえども、なお自ら三奉行の列に登り、もって天下の政《まつりごと》を口議すれば、則《すなわ》ちあにまた英雄の挙ならざらんや」。急ぎ巨杯を呼んで激飲高歌し、ついに天地に誓っていう。時にこれ申《さる》の上刻なり。（原漢文）

（史書を読んで感動した。外史の織田信長が桶狭間の戦いに勝ったところで、思わず「いいぞ」と叫んだ。このとき、私は胸に迫るものがあり、奮い立ってこういった。

「私はこれから一大事業を成し遂げ、天下後世に名を残そう。ただし今は平和な世となって久しいので戦いで功名を挙げることはできない。しかし、やがては三奉行の地位に昇り、天下のまつりごとに参画するならば、これはまさに英雄の挙となるだろう」と。急いで大きな杯を持ってこさせ、大いに飲んで高らかにうたい、遂にこれを天地に誓った。ときまさに午後三時過ぎだった。）

『外史』は『日本外史』、よく知られた頼山陽《らいさんよう》の著作である。ここにいうまでもなくこれは史書というより歴史物語に近く、その内容や文章には文芸的な彩色を施されている。文章は漢文、『史記』『漢書』など史書の文体に影響を受けて格調高く、確かにいま読んでも惹きつけられるものを持つ。そして何よりもこの文章は、幕末を生きた多くの若者たちを尊皇倒幕に駆り立てるアジテーターとなったという意味で果たした歴史的役割は大きい。今この日記の記述を見れば随分と単純な感情の発露としか見えないが、この『外史』の文章の力が、幕臣としては草莽《そうもう》の出だった筆者の胸を衝いたことは間違いない。それにしても林伊太郎は当年実に四十四歳、「天下に名を顕さん」とか、「巨杯を呼んで激飲高歌」という、今思えばいい年をしてなおこの書生風な磊落《らいらく》さは、むしろほほえましい姿といえよう。

しかし、彼自身はあくまでも大まじめで、尊皇攘夷と徳川家への崇敬の念に燃えて、日頃一、二の諸侯以下の同志たちと時局を論じ合い、ときには建白書を出したりしている。その一方ではたび重なる失望に挫《くじ》けることもなく、みずから得意の易を占い、また高島易断・人相占い・墨色占いにまで通って転官出世に期待をかけ、有能と見込んだ上司には積極的に近づくという、いかにも志に燃えた微禄出の幕吏らしい意欲も抱き続けていた。そうした日常の中では、ときにこうした気分の高揚を見ることもあったのだろう。この願いはやがて幾分かは報われ、のちに御納戸《おなんど》頭《がしら》七百石、またわずか一ヵ月にも満たない短期間とはいえ新徴組支配千石にまで出世をする。ただし、彼がここで望んだ「三奉行」とは寺社・町・勘定方の三奉行をさすが、これらはいずれも直接民政に関わり、幕閣に次ぐ要職であると同時に、大きな組織を動かす行政的手腕を問われる立場である。その列に加わって「一大事業を成し」の夢はさすがに実現せず、そのまま幕府の瓦解を迎えてしまう。もっともこの記事から四年後にペリーが来航してからというもの、急速に混乱を極めていく世相の中で、その職は、すでに老境に及んでいた一漢学者の到底堪え得ないものとなっていた。

文人幕吏日々の暮らし

愛妻の死

遡って天保十四年（一八四三）、林伊太郎（当時鉄蔵）がまだ評定所留役《ひょうじょうしょとめやく》助《すけ》の任にあった三月十五日、この日はいつものとおり役所へ出勤した。そして午後四時頃に帰宅したところ、妊娠中の妻久《ひさ》が、急に産気づくと同時に苦しみ始め、真夜中午前〇時、男子を出産（死産）するとそのまま苦痛のうちに息絶えてしまった。この夜は一晩中激しい嵐が吹き荒れていた。

唐突に鉄蔵を襲ったこの出来事は、出産が大きな危険を伴った時代とはいえ、奇禍というべきものであった。三十三歳とやや高年だが、先に男子二人・女子一人を成し、またそれらしい予兆の記事もないところからして、突然の不運としかいいようもない事態だったに違いない。そしてこのあとに、十七年の間「同枕衾《ちんきんをおなじくし》」、寝床をともにした妻を失った悲しみを、漢学者らしく漢文で「一朝為雲烟《うんえんとなる》次第、誠ニ慟哭《どうこく》ニ不堪也《たえざるなり》」と書き付けた。

天保十四年三月、鉄蔵は数え年三十八歳、評定所留役助として将来に期待を抱きつつ、日々職務は多忙を極めていた。当時官吏としての栄達には、まず家門とか縁故が求められたが、彼はもと上州高崎在萩原村の旧家出身に過ぎなかった（坂口筑母『小伝林鶴梁《はやしかくりょう》』、以下『小伝』とする）。しかし、儒学については若い頃から学才をあらわし、江戸へ出て二十俵二人扶持の御家人、林家の株を買って先手組《さきてぐみ》また鉄砲箪笥《たんす》組に属した。同心という最下級の幕吏を勤めるかたわら、学問と詩作に励むといえば立志伝中《りっしでんちゅう》の人となるわけだが、当人はどうやら血気に任せ、酒と遊侠に気ままな日を過ごし、麻布界隈にあって、「林鉄」というあだ名をもってその青年時代を過ごしていたらしい。それが二十四歳、『史記』の「項羽本紀」を読んで発憤、と当人はいうが、あるいはその三年前にこの才色兼備の妻「久、号小香」を得たからではなかろうか。痛哭の墓表に、彼女がしとやかな性格で、詩書を習い、家事裁縫など女の仕事が上手だったとみずから記した。性格や女の仕事は当時の常として、「詩書を習い」はいずれ大名屋敷か武家奉公を望んでのことと思えるが、その素質にも恵まれていたのだろう。芳紀十七歳、若妻はまた教え子でもあったのかもしれない。とにかく彼はこの二十四歳という年に心を改めて道を学ぶことを決意し、長野《ながの》豊《ほう》山《ざん》・松崎慊堂《まつざきこうどう》といった時の碩学《せきがく》について、さらに漢学と作文を修めることになる。それからは家禄こそそのままながら、奥火《おくひ》の番、御徒目付《おかちめつけ》、今の評定所留役助と順調に出世の道を進んできたところだった。

ともかく十五日はそのまま通夜を送り、翌十六日明け方、人を頼んで二十日間の忌と九十日の服を役所へ届け出る。役所からはやりかけの仕事の書類が毎日のように届いた。親戚・知人を呼んで湯棺を済ませ、亡骸《なきがら》に新しい着衣を着せると櫛・笄《こうがい》・鼻紙入れ・針・糸・鏡など、日頃愛用の品々を添えて棺に収める。友人から七両の金を借り、十七日には出棺、赤坂霊南坂の菩提寺、澄泉寺《ちょうせんじ》墓地へ葬った。施主家族を含め会葬者は四十二名であった。このあと、嫡子国太郎がほぼ毎日墓詣りを続けるが、鉄蔵自身は翌四月一日になって初めて墓参する。二十一日の初七日夜には家族と葬儀を手伝ってくれたごく近しい知人七人を招き、ささやかな酒席を設けた。その客の中には親交のあった絵師岡本秋暉《おかもとしゅうき》がいて、同じく親友の松代《まつしろ》藩侍医渋谷竹栖《しぶやちくせい》は呼ばれないのに訪れている。二十三日からは出勤、多忙な職務に精励することとなる。なお、前日の二十二日には、上司の勘定奉行跡部能登守が周囲に、長孺（鉄蔵の字《あざな》）には一老親と三人の小児がいるので出勤はできないだろうという意味のことを漏らしたところ、当時伊太郎の庇護者であった目付桜井備中守《びっちゅう》が、彼は必ず出勤する、と答えてかばってくれたという噂が耳に入っていた。

ところが二十六日、この日はたまたま「宅調」で出勤せず、自宅で執務していたが、不意に妻を失った悲しみと残された家族の将来への不安に襲われたと見え、「鬱悶困苦《うつもんこんく》」して、昼間午後二時過ぎだというのに急に酒を持ってこさせ、「鯨飲《げいいん》」したのかと思うとそうではなく、このあとにすぐ続けて「出火につき」飲むのはやめ、勘定奉行役宅へ出勤した、と別に書き加えてあるところが傷ましい。

こうして万事順調だったはずの日常が、三十八歳の今、突然に配偶者を失うというつまづきにぶつかる。あとに三児を抱える男やもめとなった学者役人には、十二歳の長男は別にしても、下の二人の養育はとても手に負えるものではなかった。七歳の女子は芝の親戚に預け、幼児には使用人を雇って急場を凌ぐ。のち、羽倉簡堂《はぐらかんどう》の養子となって戊辰《ぼしん》戦争で戦死を遂げるこの末子は、このときまだ四歳だった。

中陰が明けると、早速再婚の策を巡らし始めるが、微禄のうえに子持ちとあって話はなかなかまとまらず、その間、亡妻が夢に現れては、幼児を抱いて微笑していたかと思うと、「相ともに慟哭、時に夢の如く幻の如く、自ら夢中の事と知らざる也」といったような記事が、四度、五度と出てくる。この惑乱は君子の道を講ずる漢学者にして意外で、幼い子供たちとともに後に残された一人の男の苦境と亡き妻への愛惜の思いの深さを物語っている。

また後日、たまたま訪問先の知人からの話の中に同居している母の話が出て、亡くなった妻と家に使っている下女がいつも顔に疵《きず》が絶えなかったこと、それは母が彼女らを叩いていたからだったと聞いて、「愕然《がくぜん》これを久しうす」ということがあった。そこで鉄蔵は、帰宅後次のような処置をとる。

この日帰宅、決して大声など出さざる旨、一同へ申し聞かす。もっともこれまで大声出し候は家事取締のために候ところ、かえって謗議《ぼうぎ》を得候次第に至りてははなはだ残念につき、以来大声等出さざるつもり、家内へ申し聞かせる。

この日家に帰ってから、自分がこれからさき家では決して大声などを出さないということを家内一同に言い聞かせた。もっともこれまで大声を出したのは家事取締のためだったのだが、それがかえって人のそしりを生んだというのではたいへん残念なのでこれからは叱るにしても大声などは出さないつもりだ、といった。

ここにいう「母」は、鉄蔵の母ではなく、川島氏で妻久の母とされている（『小伝』）。その母がどういう事情からか娘婿夫婦と同居していて、普段娘の久や下女を殴っていたという話を耳にしたのである。文面からすると、婿の鉄蔵が何か腹の立つようなことがあって大声で叱責したときなどに、母が娘と下女をきつく折檻したのだろう。それも「疵絶えず」というから、かなり厳しく、また頻繁にあったようだ。この日、鉄蔵は知人からこの話を聞いて驚くと同時に、岳母の自分に対する遠慮が余ったあげく、危害となって妻の身に及んでいたことに今となって気づき、家の中での自分の心づかいが足りなかったことを悔やんだものと見える。それにしても長年「同枕衾」していたはずの夫が、なぜこんなことに気づかなかったのか。遅ればせながら今後の戒めとして「以来大声等出さざるつもり」とみずからの心に誓い、また家族へも言い聞かせたのだろう。妻亡き後となった今、家庭生活の難しい一面を実感したに違いない。なお鉄蔵はこの母には再婚後もこのまま、十四年後にその死を看取るまでの間、仕え続ける。

再婚までの苦心

鉄蔵は、このようにして三十八歳の働き盛りに突然妻を失うという凶事に見舞われた。このとき彼は、その悲嘆もさることながら、後に遺された子どもたちと老母を前にして、呆然自失のありさまだったに違いない。ほかに遺された家族は、十二歳の国太郎、七歳の女子鈴、わずか四歳の次男鋼三郎という三人の子どもたち、そして六十七歳の母。その悲しみと、家庭生活の不安を忘れるためにでもあるかのように、初七日を済ませて二日後の二十三日から、役所からの通達に従って勤め先の評定所へ出勤した。幼い鋼三郎の体調が良くないのを気遣いながらである。

このとき、十二歳だった長男はすでに親の手を離れ、母没後ひと月近くの間、毎日のように墓参りを続けている。しかし、長女と次男はまだ幼く、とくに乳離れが遅かったらしい次男のために、手づるを頼って乳母を捜す。また、親戚と見られる医師佐川玄麟の妻たいか（露月、俳号か）を、手伝いに頼んでもいる。「病死の積もり心得、露月暫く貸しくれ候よう」と随分強引な頼み方だが、やはりそれほど困っていたのだろう。しかしそれも思うに任せず、結局九月からは、長女鈴を一ヵ月の飯料その他いっさい込み一分と四百文の約定をもって、その医師の家に預けることとなった。当時江戸城内でも、おそらく最も多忙な勤めを持つ（この月は二十日間出勤、在宅時も職務）役人には、頼りにならない老母と使用人だけでは、この家庭の窮状を切り回すことは難しかったに違いない。こうして亡妻への思いはさておき、とりあえずはこの家族のためにも、一家の主《あるじ》として再婚の要に迫られたはずである。三月も末になると、早くも周囲の知人からその話が持ち込まれるようになった。

初めは同僚から示された川島某の娘。ところがこれについてはずいぶん悩んだらしく、「ごく卑賤のものでもどうしても困ったならば貰った方がいいのか。今はまず貰わないつもりだ。また自分のところなどへ来てもいいというものは、相応のところでは、かえってうまくいかなくなることになるので、堅くお断りするというと、またぞろ一人身分のいやしい女を勧められたがこれは断った」と書いている。紹介されたこの「川島某」という者が同心か何か低い身分だったのだろう。また、ここに「相応のところ」というのは、ちょうどふさわしい禄高（この時点では二百俵と二十人扶持）の家から再婚相手を選ぶという意味とすれば、三人の子どもと姑《しゅうとめ》持ちという条件を頭に置くと、それではうまくは行かないと考えたのだろう。しかし、あまり低いのも困るというわけで、これから始まる縁談の運びの難しさが思いやられる。

次に来たのは、五百石取りの旗本の娘、二十八、九歳で「貞女につき、世話したき」という話だったが、これも禄高の違いを理由として断っている。彼ら武士の結婚にあたっての重要な条件は、「高」すなわち禄高の釣り合いであった。この後も同役や知人から、二十歳から三十歳前後の「縁女」の話を受けるが、いずれもこの禄高か、あるいは得意とした易占の判断を理由として断っている。また先方からも、「自分高同様五、六百石位にこれなくては」娘を遣るわけにはいかない、などといって断られているものもある。七月までの間に日記に見えるものはおおむね十八件、いずれもまとまらずに終わってしまった。

こうした縁談の中で、伊太郎（五月に改名）もかなり乗り気になった話が二つほどあった。その一つは麻布広尾に住む、大御番《おおごばん》二百五十俵取りの旗本の従妹で、その母とともに今はその屋敷で世話になっている二十六歳の女、名を「杉」といったらしい。これについては、とくに門弟の中井虎之助に命じて、その本人と家族について調べさせている。

杉女儀、至って天資閑静、物見遊山など嫌い、時々老母、所々開帳等これあり候節、勧め候事これあり候とも、当時（今）人の世話に相成り居り候身分にて諸事遠慮、決して外出いたし申さざる由、第一内気の由、容色並々よりよろしき方の由。

「諸事遠慮」とか「決して外出いたし申さず」また「第一内気」というあたりが気に入ったのだろう。「容色」も、まあまあということだ。

また、どういうわけかその屋敷の当主が、善人か悪人かというほどの人物ではなく、どうも酒が好きらしい、かといって酒の上の失敗もなかったが、最近いくらか呑み過ぎて隠居に叱られ禁酒している、などと、妙に細かい情報を手に入れている。

伊太郎自身、ときには「激飲甚酔」というくらいの大酒飲みで、幾度かの「酒失」もあり、健康のためか、あるいは経済的な理由からかたびたび禁酒の宣言をしているので、何となく同病同士の好感を持ったものかもしれない。それにしても、善悪いずれとも判断のつかない、凡庸な人物とは手厳しい。この話については、詳しく身辺を調査し、かなり乗り気であったにも関わらず、残念ながら立ち消えとなってしまった。

もう一つは、四谷坂町に住む小普請組松平某二百俵取り旗本の姉で、二十七、八歳。

近辺前町所々にて承わり候てもよろしき由。困窮はいたし候えども、買い物等、女など外出はいたさざる旨。

また、別の方からは、「家を挙げて皆善良、その女門辺を出づること甚だまれ、容儀すこぶる好ましく」という探索報告を得ている。この探索者は当の松平家の使用人と同じ銭湯に入って、その男から聞き出すという努力を払い、また報告の後に「当人二十六、七には若き方なり」と付け加えている。ほかに親類縁者の住居、出入り商人たちの評判などまで調べ上げて、かなり関心を深めているが、この話も結局立ち消えとなってしまう。これらのほかにも、三十一、二歳で、「随分人柄よき生まれ、女の所業ことごとく出来、遊芸の外は人並みの由、容貌醜からず、今に処女」などという仲人口も書き留めてある。

また、六月には、先述の親戚筋に当たる医師から妾《めかけ》の話もあった。これは川越藩士で酒乱の夫と離縁となり、二人の子どもを置いて実家へ帰った女で、家事はよくこなし怠け者ではないが、「容色好ましからず醜からず」なので月抱えでもいいから抱えたらどうかという話だった。しかも当夜、早手回しにも医師の妻露月がこの女「ちせ」を伊太郎のもとへ連れて来た。ともかくも彼はこの女を手元に置いたが、わずか七日目に病気となってしまったため、引き取らせている。

こんな具合に再婚話はいろいろとあったものの、結局のところ、一つとしてまとまらず、ここで浮上したのが、このとき、伊太郎の手足となって活躍した門弟中井虎之助の実姉の話であった。

姉の名は「くら（庫）子」で、当時伊太郎より八歳年下の三十歳、家はこの当時麻布今井谷の西側高台に当たる三河台だったが、彼女はそこから六本木通りを渡って南へ芋洗坂を下り、麻布日ヶ窪《ひがくぼ》（東京都港区六本木中学校近辺）にある長門長府藩主毛利右京亮《うきょうのすけ》の上屋敷へ奉公に上がっていた。どういう事情があったかは分からないがこの年まで嫁ぐこともなく、婚期を失していたのである。

この縁談は初め六月の末に虎之助から持ち出されたもので、八月半ばにはその母親を介して屋敷勤め中のくら子との間に話がほぼ整い、結納は取り交わさなくても約束を守る、というところまで進む。このときに伝えられた、たとえ小さな子どもがいても、いったん嫁いだからには少しも問題は起こさない、という当のくら子の言葉を知って、伊太郎は心を決めたのだろう。この女性の容姿については触れていない。しかし、彼女にとっては、のちのちこの親子の問題に悩まされることになるとは、このときは予想もつかなかったのである。

こうして万事順調に運ぶかに見えた矢先の九月一日、先にも述べたように林伊太郎は何の前触れもなく、今、情熱を傾け励んでいた評定所留役助の現職を解任され、勘定所帳面掛へもどされるという事態が発生する。この人事は彼の役人生活に痛撃を与え、以後九月・閏九月・十月とほぼ三ヵ月に近く欠勤が続くことになる。ところがこの申渡しを受けた直後の九日、虎之助が次のような母の伝言を伝えた。先方の申し出の要点は、

今回の左遷減俸はあっても、私どもはご当家との結婚の約束を違えるつもりはありま

せん。また私（くら子）は、いったんそちらに嫁いだからには、年に一、二度の亡き旧君の墓参りのとき以外は外出しません。それも外泊しないことはもちろん、外出は必ずお許しを得てからのこととしましょう。

という言葉だった。このときの嬉しさを書き留めるに当たって、なぜか、彼にとっては自在の漢文をもってしている。とにかく彼はこの最初の一文を聞いて、まさに救われた思いだったろう。それにしても、先に挙げたいくつかの縁談やこの文に共通して、妻女たるもの、「外出しない」ことを要件として挙げてある点が面白い。当時一般に、これを婦徳の一つとしていたことが分かる。ところが当人は後日、結婚から数年も経つと、年に一、二度どころか毎月のように、子どもたちや使用人を供に引き連れて日帰りの神詣でや寺詣で、または二、三泊の里帰りと、盛んに外出・外泊をしている。もちろん夫伊太郎の方も、このときの言葉を忘れずに、それを楯に取って小言をいうなどといった野暮はしていない。こうした結婚とか夫婦生活の場合も、万事建前はあくまでも建前、というこの当時の一般的な慣習が見て取れる。

この後、追々段取りも進み、輿入《こしい》れの日の取り決めについてひと悶着あって、十一月十九日にめでたく結納を納めた。またこのたびの左遷の理由もそれとなく分かってあきらめがついたものか、十月の末から職場の下御勘定所へまじめに出勤し始めている。二十二日には先方から持参する道具の話や親類書などの取り交わしのこと、当日の従者・人夫へ渡す祝儀、当家への土産などについてのこまごまとした連絡があった。そして十二月一日、いよいよ輿入れの運びとなった。

ところが婚礼当日の日記には、まず「小香没後二百八十一日、出勤せず、庫来る《くらきた》」とある。再婚するに当たっても、この春急逝した妻「小香（久）」への断ちがたい思いがあって、このように没後の日数の正確な記述で始まったのだろう。なお、この後も彼女はときに鶴梁の夢枕に立つ。再婚から四年も後の弘化四年（一八四七）、麻布の今井三谷町の新居へ引っ越した直後の九月三日の夢にもこの小香が新居に現れて、下の子鋼三郎を抱き、いつものように笑っている。彼女もこの新居を祝ってくれるのだろうと思い嬉しくて泣いた、とあり、なおその思いが断ち切れないでいたことが分かる。

そしてこの日十二月一日、友人の松代藩主侍医渋谷竹栖夫妻の媒酌をもって、中井庫子との間の婚儀がとり行われた。婚儀といっても現代とは違い、自宅にあって家族と縁戚を含めわずか九人のささやかな宴が張られたのである。なお、この祝宴に際して、総額銀七十匁五分（一両一分弱、ただし料理・損料のみ）の支払いを記している。また、この婚礼の翌日、彼は出勤したが、「風邪寒熱に付き午後退散」、このあと四日間、十二月六日まで勤めを休んでいる。何しろ当人には長休みの前例もあることなので、本当に風邪かどうかは疑わしいところだ。
ともかくもこうして林家の家庭生活はようやく軌道に復し、伊太郎の役所勤めも順調に続くこととなった。

俸禄と貧しい暮らし

嘉永五年（一八五二）二月二十九日、この日、伊太郎は子息国太郎を札差（蔵宿）坂倉屋治兵衛方へやって、春期二月分の俸禄を受け取らせた。金十二両三分と銀十四匁七分九厘（この銀は金二朱と銭七百五十八文で受け取る）だった。坂倉屋は浅草森田町、通称蔵前の中心部にある。なお、このときの勘定は次のようなものであった。

覚

一米　六拾二俵（三斗五升俵）泉州米、但し五斗一升入、直段《ねだん》四十両二分替え（五斗一升入百俵で四十両二分の値段・張紙《はりがみ》値段）御金十二両也……①
金石　十石七斗六升九合二勺三才
残石　十石九斗三升七勺七才、此俵二十一俵二升七勺七才
御入米（現米）　七俵……②
御払米（売却米）　十四俵二斗二升七勺七才、代金八両二分一匁四厘……③
〆　金二十両二分一匁四厘……④

一十匁　差料
一金三十両三分也　　一枚（借用書）分元利
一金二十両二分也　　右同断
一金五両二匁五分也　右同断
一金三分三匁七分五厘　いせや嘉右衛門方へ
〆金五十七両一分一匁七分五厘……⑤
差し引き金三十六両三分二分一厘御不足……⑥
一金三十八両三分也　御用立……⑦
一金十一両也　夏御手取之内御用立……⑧
この外に閏月朔日十両……⑩
残金　十二両三分十四匁七分九厘　此分二朱と七百五十八文……⑨

金石　金で支給される分の石数
残石　米で支給される分の石数、このうち現米で七俵、残りは売り払って現金八両二分余に換えている。
差料　手数料
いせや嘉右衛門　坂倉屋の前に取引のあった蔵宿

家禄わずか二十俵二人扶持であった伊太郎は、この嘉永五年当時、新番役にあって「役高」を受けて暮らしていた。これは年俸二百五十俵。この二百五十俵（三斗五升俵で八十七石五斗）を春四分の一、夏四分の一、冬二分の一に分け、その内の春期の分がこの日に支給された。年俸の約四分の一が米六十二俵（二十一石七斗）で、このうち現金で支給される分「金石」十石七斗余が十二両（ただし五斗一升俵で勘定）①となる。また米で支給される分「残石」十石九斗余は、一家の食用にするため七俵（同前）②を現米で受け取り、残り十四俵余は売却して、代金八両二分余の現金に替えた③。現金は合わせて二十両二分余④の支給を受けたことになる。

ところがこのとき、伊太郎には前期（嘉永四年十月分）の借金⑤があって、差引は三十六両余の不足⑥となってしまう。そこで次期以降の収入の内から四十九両三分を前借り⑦⑧してこれをいったん返済、その残金⑨を実際に受け取って帰宅した。この十三両にも満たない金額⑨と米七俵②が、三月から五月まで三ヵ月分の収入（実は前借金）のすべてということだ。なおこれでは不足と見たものか、早速この二日後の閏二月朔日に再び国太郎を使にやり、借りて来させた分十両⑩を追記している。

伊太郎は天保十三年（一八四二）、三十七歳で御目見得を果たしているので、それからは旗本の末席に連なっていたと思われる。しかし、嘉永二年冒頭の記事にある新番の名寄せに記された「二十俵二人扶持」は家禄（家に付いて世襲される俸禄）として掲載されているので、旗本とするならばおそらく最低の家禄となるだろう（一般には百俵以上）。実際このときの同輩百七十七人中百俵以下は九人、その中でももちろん最低のものとなっている。そしてこの二十俵二人扶持の家禄は本人の家に付属し、子孫に世襲される基本的な給与となる。彼が買い取ったと想定される林家の御家人株は「御先手同心」だったとされるが、その同心の役高三十俵二人扶持より低いこの禄高は、その御家人株そのものに付いていたものと思われる。

ところで彼のようにまがりなりにも家禄のある武士は、本来その家禄だけで生計を維持すべきものであったが、消費経済の進んでいたこの時代、生産力を全く持たない武士にとって、この少ない給与だけでは到底暮らしていけるものではなかった。こうした同心などの低い役職で役高が少ないときは、筆作りなどの内職に励んだり、諸方からの付け届けなどを当てにしなければ、家族を養いながら武士の体面を維持してゆくことは難しい。たとえば二十俵二人扶持というとき、二十俵は玄米三斗五升俵で七石、二人扶持は一日五合二人分で、一年に三石六斗、合わせて年にわずか十石六斗となる。当時の米相場一石一・三両と見て年に十三・八両、仮に今の米一升六百円（白米）で換算すると一両約四万六千円、年収六十三万円ぐらいにしかならない。当時、裏店《うらだな》住まいの職人ですら年に十二〜十八両で五人の家族を養ったそうだから、低い身分ながらも直参《じきさん》の幕臣の体面を保って生活するには厳しい収入ということになる。

そこで彼のような低い家禄の幕臣は、これを補うために少しでも高禄の役職へ「御番替え」、たとえばこうした将軍警固の御番方や幕府の財政収支を扱う勘定方などという高い役職に就き、人件費などその役の体面を保つための費用や必要経費を含んで支給される相応の役高をもって生計を立てようということになる。伊太郎の場合は、初めは最低の同心から出発したものの、その学問の力や、おそらくは要路の人、師・友人などの助力もあって御番替えを果たし、前述のとおりこの年より十年も前に微禄の御家人としては異例の将軍「御目見」格となり、今はこの新御番というこれまでになく高い役高を受ける職に至っている。この役高二百五十俵（三斗五升俵）は八十七・五石、これを仮に全部さきの張紙値段（五斗一升俵百俵で四十両二分）で計算すれば六十九・五両弱となる（売却米は張紙値段より高いので、実際にはもう少し高くなる）。これも仮に一両を四万六千円として見ると年収三百十九万円余りとなろう。

ところが実際には、この記事にも見えるとおり、この金額はそのまま手元には入らないことになっていた。

まずこの当時、母親と本人夫婦、子ども四人の一家七人の家族に、家臣と使用人三人合わせて十人が食べ、さらに引きも切らず訪れる客・弟子たちに気軽に食べさせていたらしい飯米が、この二月には「入米七俵（五斗一升俵）」②となっている。これが夏期分の五月には十三俵、冬期分の十月は十四俵、合計三十四俵十七・三四石となる。これを年俸八十七・五石から差し引くと残り七十・一六石、現金収入は同じ計算で五十五・四両余、二百五十五万円ほどとなってしまう。

そのうえ、これは伊太郎に限らず、この当時は先にも述べたような理由で、ほとんどの旗本や御家人が、蔵宿からの多額の借金を背負っていたという事情がある。彼の場合も、この二月には五十七両余の前年からの借金⑤があって、二十両二分の収入④では無論払いきれず、残額三十六両三分余⑥を次期収入などから四十九両三分⑦⑧前借りしてこれに当てて据え置くと同時に、その前借り金の残り十二両三分余⑨を、質草の受け出しや雇い人の給金、当面の生活費などにあてるため現金で受け取っている。

こうして毎期の収入は常に累積する借金の返済に足りないばかりか、さらに生活費を前借しないわけにはいかないのが実態だった。この後も早速、翌閏二月にはさらに十両⑩という具合で、八月には借金がまたしても五十九両三分にふくれ上がり、折しも松代藩主の好意で譲り受けた屋敷地へ家作をする資金に当てるため、名主太一郎を介して二百両を他から借りて、その中から三十両をその返済にまわす。こうして蔵宿からの借金もいったんは二十九両三分に減るが、またこの後借りが増え、十月期にはまた四十六両二分余となっていた。この期には四十八両の収入を得たが、さらに年末の諸経費として二十両借りたので、結局のところ、先の二百両の借金は別にして、蔵宿からの二十一両二分の借りを残したまま年を越すはめになっている。もっとも大身の旗本や大名連中の千、万単位の借金に比べれば、これはまことに零細な金額ではある。

なお零細とはいえ、伊太郎の借金はこれだけではなく、質屋を恒常的に利用していて、その返済金と利息の支払いにも追われていた。質物は夫婦と子どもの衣料と鼈甲《べっこう》の櫛・笄《こうがい》、それに大小の刀だが、当時の入質期限が衣類は八ヵ月だったので、季節ごとに、ほとんど質屋を箪笥代わりに出し入れする有様だった。そのうえ、知人や塾生、裕福だったらしい妻の里方、窮したときは母親からまでも金を借りている。こうした中には伊沢政義《いざわまさよし》(美作守《みまさか》)のように貸した金二十五両を、どういう事情からかご返却頂くには及ばずといって受け取らないという奇特な人もあった。

なお、彼は甲府在任中の弘化三年(一八四六)九月、芝愛宕下《あたごした》になにがしかの屋敷地を拝領した。しかし、ここには自宅を建てず人に貸し、地代を取ろうとしている。また前述のとおり、嘉永四年の九月には松代藩主真田侯の好意で自宅に近い麻布谷町にある同藩抱えの町屋敷地を無償で譲り受けて家作し、五年の四月に転居したが、その土地に貸し家を建てて家賃を取り、家計の足しとしていた。

ところで、これほどまでに彼を経済的な苦境に陥れていた原因はなにか、これはなかなか把握しがたい。日記を読んでいて最も目立つ特異な状況といえば、その来客の多さがある。水戸・松代・土浦・佐賀・大垣・福井・松山藩などの各藩士やそのゆかりの人々、友人・門弟・商人・職人・甲府関係者などなど来訪者の数が多く、また何人か重なる日さえあり、その来客に酒食を供していること、またその公私にわたる広い交際に、たびたび贈答のやりとりがなされていることなどだろう。前者は彼自身相当な酒好きで、客を相手に酌み交わすのを楽しみとしたらしいから、これが家計に多少は影響したに違いない。しかし、後の方については、来訪者の手みやげはもちろん、遠隔地から送られてくる品物も、そのままみずからの贈り物として活用し、節約を心がけていたことが分かる。日記にはその贈り主と贈った相手の名、品名、数、ときにはその品の推定値段まできちんと書き留められている。この正確な記録こそ節約の秘訣だったのだろう。巻末の覚え書きには「暮れ入用」とか「家政録・経済録・典物覚《てんぶつおぼえ》」などとして、もろもろの入用金、当借・旧借などの借金、入質物の覚え書きなどを細かく書き留めている。

また、伊太郎はこの現米・現金の収入によって、本人と家族の生計はもちろん、家格として、本来は登城の際に従えねばならない槍持ち・草履取りなど四人の供侍（四つ供）を常備し、下働きの男女二、三人の給金と食餌《しょくじ》までも賄わなければならなかった。ただし現実には、こうした収入ではこれほどの人数を雇う余裕はなかったので、侍は二人、手伝い女一人を常雇いとし、やむをえない正規の出仕の場合は、内弟子や、たまたま滞在していた徽典館時代以来の親しい知人、甲州猪狩村農夫円右衛門などを草履取りとして供連れに加えたりして凌いでいた。屋敷の庭には日頃好んだ四季の花々のほかに、茄子《なす》などの蔬菜《そさい》を植えて食用に供している。

そして、漢学者としては当然のことながら書籍の購入も多く、和刻船載の漢籍のほかに、当時広く関心を集めていた渡辺崋山《わたなべかざん》や鈴木春山《すずきしゅんさん》の海防や西洋流兵学の著作、蝦夷《えぞ》事情の書籍や絵図、弘化二年に刊行された世界地図『坤輿図《こんよず》』代銀十五匁と、わが国初の世界地誌『坤輿図識《こんよずしき》』同十五匁ほか、外国事情に関する書籍なども買い入れ、本屋の支払いにも苦労していた。この時期、金銭の出し入れはなるべく細かく記録することを心がけたらしく、このほかにも母親の小遣いは月に二朱ずつ、医者の薬礼はいくらとか、細々とした出費をも書き留めている。その一つ一つを取り上げればさしたる金高ということもないが、生活費・交際費・医薬代・書籍代などに加え、累積してゆく借入金と利息の支払いに追われる生活をやむなくしていたことに違いなく、そうした日々の暮らしの現実が、記事を通じて浮かび上がってくる。

ところが、以上のような収入や生計に関する細かい記述は、翌嘉永六年六月に遠江《とおとうみ》・三河代官を拝命した後は減り、替わって職務に関する金銭収支の書き留めが多くなる。代官の役高は百五十俵なので、新番より低く、前職の小十人組《こじゅうにんぐみ》時代（百俵十人扶持）にややもどる形となる。しかし、代官拝命に際して受けた拝借金その他をもって、旧借をすべて精算したうえに、現地では近隣領主からの盆暮れの付け届けや、東海道を通行する諸大名からの挨拶金といった、文字通りの余禄（こうしたものの金額とか処理の仕方も記されている）があって、生活にはいくらかのゆとりをもたらしたものであろう。

突然妻が家出する

伊太郎が二度目の妻庫子《くら》を迎えて十年、その嘉永六年（一八五三）三月八日の早朝、その庫子が突然家を出てしまった。夫伊太郎は四十八歳、妻庫子四十歳の春であった。

庫、昨夜鋼児の儀につき立腹のところ、今朝一人にて出宅。その趣数馬へ文通に及び候ところ、他出の旨。

という記事である。「数馬」は実家中井家の当主、庫子の兄に当たる。知らせたときはたまたま不在だった。

この前々日の六日、伊太郎は「鋼児」すなわち次男鋼三郎を伴って、友人の僧侶大海を芝増上寺《ぞうじょうじ》に訪ね、ともに品川御殿山《ごてんやま》の桜を見物し、詩や歌を詠んで清遊する。ついでに大崎村辺へ足を延ばして「閑歩（散歩）」、魚籃《ぎょらん》坂下で大海と別れ、帰宅した。ところがこの記事によれば、その翌日七日の夜、伊太郎が鋼三郎のことで庫子を叱った（あるいは庫が鋼三郎を叱ったか）ところ、翌八日の朝突然、彼女が供も連れずに一人で家を出てしまったという。伊太郎が妻を叱ったとすれば、継母を迎えた息子への気づかいもあったのだろう。

花見の疲れが出たのか、この八日は朝から鋼三郎の具合が悪く、友人の医師渋谷竹栖を呼んでいる。あいにく長男の国太郎も六日から風邪を引いて臥せっていた。この病床の子どもも二人をそのままにしての家出である。道徳律のやかましかった当時の武士の家にあって、妻が無断で夫の元を立ち去るのは、かなり思い切った行動といえよう。それをあえて家出したについては、よほど腹に据えかねたに違いない。鋼三郎はこのとき十四歳でちょうど今でいう反抗期だったのか、これまでもこの継母の手を焼かせていたらしく、庫が打《ちょう》擲《ちゃく》したのを知って、伊太郎が庫を叱っている。やはり庫子にしてみれば自分の腹を痛めない継子の養育に、自信を失ったのかもしれない。

やがて庫子の行き先は当時今井三谷町にあった実家と分かって、とりあえずひと安心したものか、翌九日には、自宅へ友人・門弟を招き、回復した鋼三郎と兄の国太郎も交えて詩会を開いた。ようやく十日に実家の当主数馬が詫びに来る。ところがその後、家出した妻からも実家からも何の連絡もない。十六日になって再び数馬が来て相談があり、とりあえず翌十七日に国太郎が継母のもとへ行って、話をするということになる。

このとき、林家の嫡子国太郎二十二歳、まだ独身ではあったが、すでに父を助けて家塾の代講を務め、家事を見る才覚があった。そしてこれから、この事件が解決するその年の六月一日までの間、実に四十回に及んでひとり継母のもとに足を運び、さらにその母の兄に当たる数馬、あるいは弟の虎之助と会って面談し、また文通して両親和解のための労をとることとなる。伊太郎も、この妻の無断の家出は離縁の理由と成り得るはずであったにもかかわらず、それをあえて避けたについては、さまざまなわけが考えられるが、まず十年の生活で育てた自然な愛着の情があったろう。また、先妻没後に味わった不自由な生活と、妻に去られて離縁というのは男子としての面目もあり、同時にまた、役人生活の将来に影響を及ぼすことをはばかっての分別も働いたと思われる。国太郎は父のそうした思いを推し量ってここまで努力したのか、それとも伊太郎が長男国太郎に命じたものかは分からない。

息子のこうした努力にもかかわらずなかなか埒《らち》が明かないようなので、伊太郎は二十八日、みずから得意とする筮竹《ぜいちく》を引いて易を立てた。その結果「豊、初爻（交）変」という卦《け》が出た。その解釈を『易経《えききよう》』に見ると、「心配はない。正々堂々を心がければ、結果はよい。またその相手に会って、仮にその相手と自分の力が等しくとも問題はない。しかもみずから進んで会えば、その相手から尊ばれることになる」という解が出てくる。これはまた、「当方が積極的に行動してひたすら誠意を尽くし、相手の心を感発させるように努めれば吉」という意味で、この際彼にとって好ましい結論が出たことになる。

この易断を境に、国太郎の行動はいよいよ活発化する。翌二十九日からは、ほとんど毎日のように継母の弟虎之助と連絡を取り合い、また折を見て当の庫子と面談を続ける。四月に入ってからはその二十三日、「至誠尽くすべし」ということで、国太郎に妻の実家へ水飴と単衣《ひとえ》を持たせ、「連夜の談、今日より始まる」となり、二十五日には、「ようす初めてよろしきよし」、ところが二十七日には少しばかり何か異論が出て、また雲行きがおかしくなる。おそらく実家でも老母・兄弟・本人の間で、いろいろと悩み、考えが揺れていたのだろう。ところが二十九日、偶然にも先方当主の末娘が疱瘡《ほうそう》に罹《かか》ったため、早速伊太郎の母から見舞いの品が行き、翌日は庫子から、老母と国太郎へ手紙を添えて、返礼の蕎麦と餅菓子各一重が届く。この日国太郎は、近所とはいえ一日に二度も足を運んでいる。こうしてこの思いのほかの出来事があったお陰で、両家の間の緊張が融け始める。

五月に入ってまた単衣《ひとえ》と襦袢《じゅばん》を届け、六日には国太郎がこの日も二度先方へ出かけ、その夜、ようやく「内談治定」にこぎ着けることができた。その親孝行ぶりは、実に涙ぐましいものがある。十四日には、こちらから帷子《かたびら》の仕立てを「庫へ申しつけ」るまでになるが、二十日にはまた「書き付けの論」が起きた。後日のために一札を取る取らないの話でも出たものか、またまた雲行きがあやしくなった。しかし二十二日、先方からまず手紙（内容は不明）が来て、返書が欲しいという老母の言葉が伝えられる。この返書を出したかどうかは分からない。とにかく翌日から伊太郎は体調を崩して酒が飲めなくなり、医師を煩わしている。心労が重なったためだろうか。

しかし、ここまで来て事態は急速に好転し、庫から着替えの単衣を寄越すように依頼があり、国太郎は二十六日から連日三谷へ通い続け、ついに二十九日、

夜に入り中井老媼《ろうおう》（庫の母親）来たり、くら改心致すべきにつき、詫び云々申し聞けられ候こと。

という決着を見たのである。ここではあくまで「改心」とか「詫び」という、妻庫子が、家出をした非を認めた形となっているが、こうした決着を得たのは、まさに「至誠を尽くす」という覚悟を決めた夫伊太郎の方、とくに嫡子国太郎の、四十回に及ぶ相談や交渉・慰撫というたゆまぬ尽力あってのことであった。

一日には呼ばれてまたもや国太郎が出向くが、庫子はこの日には帰らず、結局六月三日、「庫帰るにつき、迎えの二人差し遣わし、夜に入り、数馬同道、帰る」となった。このと

き実家から土産として餅菓子がもたらされた。そこで冷蕎麦を出し、酒に硯蓋《すずりぶた》（酒の肴）を振る舞う。すると翌四日の昼頃、鯵《あじ》が九匹来たので、返礼にひじきを届けた。三月八日朝家を出てから、実に八十五日ぶりの帰宅である。伊太郎もどれほど安堵《あんど》の胸をなで下ろしただろうか。力の尽くしがいのあった国太郎や、そのほかの家族はもちろん、庫子とその母親、兄弟一同とても思いは同じであったはずだ。こうして一家は、一つの危機を乗り越えることができた。

それにしても、ここで興味を引かれることは、男尊女卑のこの時代、妻の夫に対する従属意識が強かった武士の家にあって、庫子のように情に走って自分を通す妻と、それを受け入れる親がいたこと、また理由はともかく、当世では思いも寄らないほど親と家族のために尽くす一家の「長男」の働きぶりである。さらに、子供たちとはなさぬ仲にある妻と、そりの合わない次男の間にはさまって、困惑しながらも誠意を尽くそうとする夫あるいは父としての伊太郎の思いが、日記の簡略な記述から伝わって来る。武家社会の封建的家族制度は、家族道徳の枠組みとして厳存したものの、実態としては、夫婦・親子という人間同士の間に、ごく普通の人間的な心情が存在し、その交流が行われていたということになるのだろう。また、このとき「易断」が、鶴梁一家の圧倒的な行動力を生み出す因《もと》となったことも面白い。結果、その易断の通りにめでたく「吉」となったわけだ。

一家がその三ヵ月に及ぶ波乱を乗り越えるのを待っていたかのように、同月二十七日、伊太郎の代官就任が発令された。九月十七日に、彼は、無事帰ってきた妻くらと、老母・国太郎・鋼三郎の四人の家族を引き連れ、東海道を上って、遠州中泉の陣屋へ赴く。こうして一家は、ともかくも安政五年（一八五八）までの五年余を、中泉の地で平和に過ごしたのである。

しかし、この鋼三郎のいかにも次男らしい我意を通そうとする強い気質は、結局治まることがなかったらしく、伊太郎の任果てて帰府後の二十一歳、安政七年（万延元年、一八六〇）二月に、今度は自分が家を出、三日後に、先の中井虎之助、今は養子に出た藤田忠蔵に伴われて帰宅している。翌三月の二十六日、実母方の伯父、川島此兵衛方へ引き取られることとなるが、このときも兄国太郎がこの此兵衛と父との間に入って種々周旋の労をとり、両家相談のうえで、昌平坂《しょうへいざか》学問所へ入寮させると決めた。閏三月二十八日のことである。この悶着の原因が何であったかは書かれてはいないが、いずれ継母庫子との間に、根強い確執がくすぶっていたのだろう。

ところがこの翌年、文久元年（一八六一）の七月、異母妹瑟《しつ》が五歳で急逝した。彼はその知らせを聞いて、急遽《きゅうきょ》馬に乗って駆けつける。妹の容態を見るや、即座に田原蘭海という蘭方医《らんぽうい》へ走ったが不在だったので、途中で逢ったからといって父の親友渋谷竹栖を連れて帰った。渋谷は松代藩侍医の漢方医である。渋谷は早速灸をすえてみたが結局どうにもならなかった。鋼三郎はこういうやさしい一面も持っていたことが分かる。そしてこのことがあってから後は寄宿舎からたびたび帰宅し、家に泊まって行くようになる。慣れない寄宿舎の生活とこの義妹の死を契機として、継母との間にようやく融和が成ったのであろうか。

この鋼三郎は、のち羽倉簡堂の養子として同家を嗣ぐこととなる。

食べ物の記事

鶴梁は、自宅に客を接待したときや他家で接待を受けた折に、振る舞いの御馳走ついて、日記に書き留める習慣があった。

たとえば、天保十四年（一八四三）三月二十一日、亡妻の初七日の客に出したご馳走の記事には、

酒、吸物花あげ・海苔、大皿揚げ物・大根おろし、台重竹の子・さがら麩《ふ》、丼蓮根・百合木の芽味噌合え、酢の物大根おろし・みかん・麩、大平竹子類、飯、平長いも・雁もどき・ふき、椎茸・干瓢《かんぴょう》、汁つみ入豆腐・小かぶ・青み、皿大根・油揚・糸昆ぶ・防風・はす・ころがき・白胡麻・椎茸、千代く（猪口）シン菊（春菊）・けし、香物《こうのもの》沢庵・菜浸《なびたし》

という具合に、酒を飲むときと食事のときに出す物とを分けて詳しく書いてある。仏事なのですべて精進《しょうじん》料理、あらましが今でも食卓にのる食物だが、「さがら麩」は分からない。

また、弘化五年（嘉永元年、一八四八）五月十三日は竹酔日《ちくすいにち》、毎年この日に竹を植えるとよく根付くという中国の古い言い伝えによるもので、文人たちが集まって墨竹画を描いたり、詩を作り合って風雅の交わりを楽しむことがあった。この日、鶴梁は、門田樸斎《もんでんぼくさい》・関藤藤陰《せきふじとういん》・藤森弘庵《ふじもりこうあん》・尾藤高蔵・保岡嶺南《やすおかれいなん》といった儒者や詩人、それに画家の岡本秋暉《おかもとしゅうき》という親しい仲間を自宅に招いて席を設けた。このときは酒のほかに、

皿マグロ・イナダ、硯蓋《すずりぶた》クワイ・カマボコ・クルミ・コウタケ・エビ、ドンブリインゲンカラシ合、同断キウリモミ・マグロノ三杯ズ、大平切身・ハンペン・ハリナ・クワイ・シイタケ・ハサシ、ドンブリコブ・エビ、吸物ミソアジ、同断スマシ・マツタケ・チソノモヤシ、飯の節香の物キウリ・唐椒《とうがらしカ》

を出した。いろいろと品数は多いが、珍味などはなく、ごくありきたりの食べ物ではある。ハサシ・ハリナ・チソ（紫蘇か）が分からない。ハサシはもちろん馬刺ではないだろう。

嘉永二年（一八四九）十月二十六日、招かれて参勤で着府したばかりの佐賀侯鍋島斉正《なべしまなりまさ》（直正、のち閑叟《かんそう》）に初めて謁し、その席で頂いたご馳走については、次のように簡略に書き留めた。

飯・汁・平・皿肴・香の物の他に、酒・吸物・さしみ・煮魚・煎茶・菓子二通り出る。

この後、鶴梁は翌十一月十日にこの面談の仲介をしてもらった佐賀藩の近習《きんじゅう》目付原田

小四郎を自宅へ招き、酒飯を用意してその労をねぎらったが、このときの料理についてはその種類のほかに、次のように値段を付記した。

吸い物　玉子、鉢　はぜの煮付け百七十二文、中皿　香竹在合《ありあわ》せ・湯出玉子六十四文・くねんぼ二十四文　三種、同断　鮒煮付け十六文・薩芋在合せ　二種、大平　椎茸十六文・八ツ頭八文・ちくわ二十八文・芹六文・はぜ在合せ　五種、大皿さしみ三百五十、以上六種下物（酒の肴）也。飯は香物菜漬、漬物糀漬《こうじづけ》・わさび漬なり。

このときは礼物として、茶一壺（大坂高麗橋一丁目茶処片木善右衛門の折鷹）・菓子（日本橋一丁目松風軒の薄雲）を贈った。この品々の値段はないが、料理代の方は合わせて六百八十四文出費の内訳を右のように細々と書き留めている。この二つの会合については後段に紹介する。

またここで面白いのは、弘化三年三月、このときは甲府徽典館《きてんかん》学頭として単身現地へ赴任する甲州街道の旅の途中、宿泊する本陣や問屋で出された食事の記事である。

まず八王子横山宿では、

飯四杯、汁豆腐、平干瓢・慈姑《くわい》・がんもどき・三つ葉・焼きふ五品一杯、皿イナダ一切喫せず。
香物沢庵・奈良漬一切ヅッ喫せず。

とまず並みの夕飯だったが、次の吉野宿は、飯三杯、汁大根切ボシ一杯、平菜・豆腐・芋一杯、皿サケノ塩引一切喫せず。香物二切喫せず。

となり、翌日の犬目《いぬめ》宿では、

夜飯四杯、平油揚げ一切、汁ひば（干した大根葉）一杯、皿イワシ煮付け一切喫せず。香物二切喫せず。

という粗末さとなる。ここは「この宿至って貧宿にて、この宿またよほど貧家に相見え候」とあるから、粗食はやむをえないとして、鰯は糠漬《ぬかづ》けだろうか。この煮付けばかりは、江戸の魚に馴れた彼には、手の出る代物《しろもの》ではなかったろうと思われる。ただし、ここに「喫せず」とあるのは別に好き嫌いがあってのことではなく、なぜか旅の初日から、「一汁一菜のほか、自分は喫せざるつもり也」と心に決めていたからだ。とはいっても、横山宿で出た平（平椀）に載る五品は、これで「一菜」である。また普段欠かせない酒も、道中一杯も飲んでいないところを見ると、新しい職務につくに当たり、きまじめに禁欲の誓いを立てたものかもしれない。

もっとも次の上花咲《かみはなさき》宿では、

飯三杯半、汁豆腐一杯、平ヤマメ・ゴボウ、ヤマメ一匹也。三寸余、皿大根□漬物喫せず。香物沢庵二切喫せず。給仕人いう、ヤマメ昨夜これを捕るという。鮎に似て背は黒、横筋□、腹小赤、風味鮎に似る。土人いう、鮎に勝ると。

と、貧しくはあっても、意外の珍味にありついた。ヤマメは彼が初めて口にする地元特産の鮮魚だった。五街道の一でありながら、山間の貧しい村々を通る甲州街道の宿場では、主立った旅宿であるはずの本陣や問屋にしても、乏しい食事だったことが分かる。

なお、この旅では、伊太郎は、旅宿ごとに木銭《きせん》と白米代金を支払っている。公務旅行で泊まる本陣といっても、当時はいわゆる「木賃宿」と同じ扱いだった。

江戸在住の間は魚を好んで食べ、知人との間に鮮魚や干物（枯魚）をやりとりする記事も多い。イナ・セイゴ・キス・アジ・ボラ・マグロ・ヒラメ・鰻《うなぎ》・鯉・泥鰌《どじょう》などなど、変わったものでは弘化五年五月にウキキ（浮き木）、水戸名産のマンボウを貰って賞味した。「水にひたし又湯がき、酢味噌にて用うべく、又は煮しめこれを用うも亦《また》可なりという」とあるので、これは乾燥した物と見える。こうした中でも彼が最も好んだのは「炙鰻《しやまん》」鰻の蒲焼きで、たとえば

昨日飲水甚だしきゆえ、昨夕・暁、水瀉《すいしや》（下痢）五、六度、すこぶる疲労を覚え、晩に炙鰻二百文を喫す。

という具合に疲労時の滋養食としても用いた。このときは下痢をしているというのに食べたというのだから、よほど好きだったのだろう。鰻は江戸ばかりでなく、甲府や中泉にあ

ってもたびたび口にしている。また人からもらう鶏肉や鴨はそのまま余所《よそ》へ廻すことが多かった。弘化四年七月に松崎慊堂《まつざきこうどう》の同門だった友人塩谷《しおのや》甲蔵宕陰《とういん》から豚肉四切れ、また嘉永二年の十二月には佐賀藩の原田小四郎からも豚肉二切れを贈られたが、これらはさすがに食べられなかったらしく、人にまわしている。それにしても当時すでに武士の間で豚肉を食べる習慣があったことが分かる。

鶴梁は何よりも酒を愛した。日記には随所に飲酒の記事があり、中にはこれに添えて「下物《げぶつ》（肴）」はなに、と書き込んであるところもある。こうして酒を愛しながらも肴を欠かさず、食物への関心が深かったことが読み取れる。友人が訪れるたびに互いに酌み交わし、「枯魚（干物）」をむしったり、「湯淮南《わいなん》（豆腐）」を囲むことを無上の楽しみとしたらしい。

幕領代官の時代

遠州中泉代官

中泉代官となる

嘉永六年（一八五三）六月は、幕末史の大きな展開の端緒となる歴史的な事件、ペリー来航をもって始まった。

まず四日には水戸藩士日下部伊三次《くさかべいそうじ》が林伊太郎宅を訪れ、昨三日の午後一時頃、異国船が四艘着いた、という知らせを持ってきた。七日の日記には、昨六日に来訪した水戸藩士原田八兵衛の話を書き留めている。それは、まず出入り町人たちから老公（徳川斉昭《とくがわなりあき》）へ届けられた書付の中味で、去る三日の正午、異国船が浦賀番所に立ち寄ることなく、まっすぐ観音崎までやってきたという知らせだった。さらに八兵衛は今日、芝や品川あたりに屋敷のある一万石以上の大名に銘々屋敷内を固めて置くようにという達しが出たということ、また先着した蒸気船二艘は国主の書翰を差し出し、船中へこちらの役人は乗せず通詞《つうじ》とそのほか一人だけ乗船を許し、それ以上船に乗ろうとすれば打ち払うといっていること、またその後に続いて着いたフレガット（フリゲート）船二艘には大砲を六十挺も装備していることなどを告げた。いずれも藩邸筋からの情報である。また、戸田采女正《うねめのしよう》家来一同が陣羽折《じんばおり》を着け、武器を手に中屋敷を固めていること、川越・肥後の藩士も国から到着し、そのまままっすぐ浦賀へ行くという、一挙に緊迫した江戸近辺のようすも伝えた。

翌八日に伊太郎はこうした知識を持って出勤するが、そこで異国船が内海へ乗り入れた際の心得方書付写を組頭の片山三七郎から示された。その後、城内の一室で水野筑後守忠《ただ》徳《のり》と二人で海防論を戦わせる。水野はこの異国船の行動に立腹し、このとき伊太郎が立て彼に示したらしい策をぜひ上部へ建言すべきだといったと記してある。また、別に前職小十人《こじゆうにん》時代の上司大久保市郎兵衛とも海防を論じ、この策一通を見せている。ペリーの来航を受けて、こうした論議は上から下までだれかれなく交わされていたのだろう。泰平の夢を破られた江戸城内の騒然とした雰囲気を思わせるものがある。

この江戸城未曾有《みぞう》の事態の中、同じ六月の二十七日に林伊太郎は代官を拝命した。

この日、彼は身支度を整えて朝六時頃登城し、御祐筆《ゆうひつ》部屋縁頬《えんがわ》に老中・若年寄列座する前で老中松平忠固《ただかた》から直接その命を受けた。ここでいう代官は御料すなわち幕領を直轄する地方官。当時四十一人（郡代三人を含む）いて、各地に広がる幕府領地総高三百三十万石余の年貢徴収、ほかに管内の治安をはじめ行政全般を支配し、手付《てつき》・手代《てがわり・てだい》ら三十人前後（林代官は後述の二十二人）の配下を指揮した。代官の役高は百五十俵。そして彼が配置されたのは、東海道の宿場見付《みつけ》宿に近い「中泉」で、遠江と三河に広がる当時六万石近い幕府領を管轄するものであった。

この申渡しのあと七月九日、上司の勘定奉行御勝手方の一人、石河《いしこ》土佐守から直接、次のような耳打ちを受けた。

このたび難所へ差し遣わし候間、出精相勤むべく、もっともその方にこれなくては勤めかね候とて、右評議済み候ことゆえ、難渋相忍び候わば、遠からずよろしきこともこれあるべき旨。これまでの御代官等閑《なおざり》につき、すでに西丸普請家根板などまでも、まだ片付かざる次第もこれあり、さてさて困り候ことに候。

（このたび難しい任地へ行かせるので、せいぜい精を出して勤めるように。ここはお前でなくては勤められないだろうと一同評議のうえで決まったことなので、この苦労に耐えて働いてくれれば、遠からずお前にとってよいこともあるだろう。前任の代官がなおざりな勤め方をしたので、西丸の再建に使う屋根板などもまだ集まっていないということもあり、ほんとうに困っているのだ。）

これは、この中泉陣屋の管轄地を貫く日坂《にっさか》宿から藤川宿までの東海道筋が、当時、無頼の徒の横行する厄介な土地であったばかりでなく、この遠州・三州の地が一般的に不穏で、江戸への出訴、代官所への門訴・捨訴・駕籠《かご》訴などが相次ぎ、幕府中央でも手を焼いていたからであろうと思われる。この年には郷宿《ごうやど》・郡中惣代《そうだい》・代官属僚が結託して横領などの不正を働いているので善処して欲しい、という願書が出ていた（『太田家文書』）。

このうち「郷宿」は、代官所へ出頭した村役人や一般の農民が宿泊する宿屋で、役所との連絡や取り次ぎ役をも果たしていたので、両者の間に立ち、とかく利権を貪ることがありがちだった。また「家根板」の件は、前年の嘉永五年（一八五二）に火災で焼失した西丸がなお再建がならず、屋根板の上納が滞っているということ。しかもその納入について地元に不穏の動きがあるという前代官からの報告を、出発の三日前になって知らされた。それにしてもこの際、奉行の言葉にあった「その方にこれなくては云々」は、伊太郎には胸をくすぐるうれしい言葉だったに違いない。「遠からずよろしきこともこれあるべき旨」もまた、これから新しい土地で新しい仕事に就こうとする不安と緊張に揺らぐ心を支えたことであろう。

この後、老中ほか諸方への「御礼（挨拶）」を済ませて帰宅すると、上司・友人・出入りの町人・親戚からの祝いが次々と届く。扶持高はこれまで新御番の二百五十俵からすれば百俵の減とはなるが、この人事は間違いなく出世だったのである。ただし、同役の代官の中に、二十俵二人扶持などという微禄は一人としていなかった。

さてここで彼は当面の支出に当てるべく、代官職について指導を受けた師匠番の同役から五十両を借り、諸方への付け届けなどに当て、また転官祝いの返礼として、祝い餅を三十三軒に配る。これから、現地への赴任までの二ヵ月半の間、手付など属僚の人選とその伺い出「御内慮伺」、さらに三百六十六両の拝借金伺、前任者からの事務引継の督促など慌ただしい日を過ごす。この準備の中でも、これまでに残している諸方からの借金の整理が難事であったが、右の御金蔵からの拝借金と、前任者から引き継いだ手元預かり金七百両余をもって、質屋からの三十七両余をはじめ、蔵宿の借金、家作や転任の支度などに当てた借金に利子を添え、総額五百六十両余をきれいに精算した。今でいえば公金を借金返済に当てたことになる。

七月十一日には、早朝、水戸藩原田兵助宅に赴き、八年間の蟄居《ちっきょ》・遠慮が解けて、二日前に出府したばかりの藤田東湖《ふじたとうこ》・戸田銀次郎と会って面談、老公斉昭の書を受け取った。話の中味は分からないが、これが長年の友、東湖との永訣の機会となった。二年後の安政の江戸大地震で、藤田・戸田両名とも、その犠牲となってしまう。この後も書簡の往復は続くが、中泉と江戸、再び互いに相見ることはなかった。

九月八日に再度東湖を訪ねたがこのときは不在で会えなかったので、知人の松代《まつしろ》藩士山寺源太夫（常山）が作った海防策へ添え書きを付けて預け、その足で友人尾藤高蔵と福山藩儒者の石川和助（関藤藤陰《せきふじとういん》）を訪れて別れを告げた。同じ福山藩の門田樸斎《もんでんぼくさい》とは酒を酌み交わし、「時務を論ず、すこぶる愉快」と記している。

また同月十日、「大久保右近将監《うこんしょうげん》、初めて面談、一見旧交のごとし」とあって、その三日後には、当の大久保から「御野服の節召させられ候品にて、昨年拝領の御胴着」を餞別《せんべつ》として贈られた。この二人がこのときどういう話をしたかはこれも分からないが、どうやらたった一度の面識でお互いに意気投合したらしい。この大久保右近将監は大久保《おおくぼ》忠寛《ただひろ》のことで、後の外国奉行、さらに十五年後の慶応四年（一八六八）江戸開城に際し、江戸幕府最後の若年寄として、勝海舟とともに、征東軍の先鋒総督橋本実梁《はしもとさねやな》や参謀の西郷吉之助らと渡り合い、江戸城引き渡しの責任者となって活躍した大久保一翁《いちおう》（維新後、東京府知事）である。このとき伊太郎より十一歳年下の三十七歳、小納戸《こなんど》役という職にいた。

図3　大久保忠寛肖像

任地中泉への旅

こうしてすべての準備が整い、諸方への挨拶・誓詞《せいし》を済ませ、九月十七日に、林伊太郎は家族四人と使用人、同行を願った二人の門弟たちを伴って、江戸を後にする。

朝五ツ時（八時頃）発足、品川宿で昼食を兼ねて別離の宴を張った。士分・町人の「送徒数十人」、これに酒食を振る舞い、目録（心付け）を渡した。旅の初日は神奈川泊、本陣鈴木源太左衛門宅は直接海に面し、「海上の佳景を望む、喜ぶべきなり」と記している。十八日は大磯泊、宿手前の花水橋では晩秋の旅の感興を詩に詠む。

一鳥不鳴昼寂寥　　一鳥鳴かず　昼寂寥《せきりよう》
唯看枯葉与風飄　　ただ看《み》る　枯葉《こよう》の風と飄《ただよ》うを
満湾春色今安在　　満湾の春色《しゆんしよく》　今いずこにかある
秋晩空過花水橋　　秋晩空しく過ぐ　花水橋

十九日は箱根泊、関所は男子が先、女子は改めを受けて後となる。ここで母と妻のくらの分として百匹（一貫文）、下女二人分として四百文を払ったのは、関所改めを簡略にしてもらうための慣習だろう。ここでも本陣からは「湖水一面覧ずべく、甚だ佳景也」と感想を記す。翌二十日は吉原泊だが、途中沼津城下を過ぎ、「沼津城手薄の様子、武風の衰え咲《わら》うべきなり」と批評した。田沼意次《たぬまおきつぐ》の縁で老中に進んだ水野忠友とその子忠成が幕政を支配し、将軍家斉《いえなり》に奢侈《しやし》と浪費を許したという名を残した藩主の城に、嫌悪感を抱いたものであろう。

興津《おきつ》清見寺《せいけんじ》下で三保松原《みほのまつばら》・久能山《くのうざん》などの景色を遠眼鏡をもって一覧したあと、二十一日は府中（静岡）に泊。二十二日、十団子の昔話を書き留めて宇津ノ谷《うつのや》峠を越え、坂の麓では、つたの細道の旧跡に建つ羽倉簡堂《はぐらかんどう》の碑文を見る。羽倉簡堂はかねて旧知の間柄であり、文政年間には中泉代官を勤めていた。こうして藤枝《ふじえだ》宿へ着いたとき、初めて支配所の村役人たちの出迎えに遇う。

佐夜《さよ》の中山で休憩の後、夜になったので提灯《ちょうちん》をつけて山を越えると、下り口からは支配領となる。日坂宿手前で、先行した部下の手代池田滝五郎や村々の代表が出迎え、領内の日坂宿に泊、宿場や近郷の村役人たちの挨拶を受ける。次いで二十三日、掛川・袋井・見付の宿々を過ぎて、午後六時前に任地の中泉陣屋に無事到着した。この七日間、たいした雨に降られることもなく、平穏な旅であった。

見付宿より左へ入り坂道を上り松林あり。左、八幡社あり。中泉村へ入る。町家すこぶる繁華なり。町家を突き切り向かい横町へ入り坂道、町家はずれ左、小笠寺あり。寺僧門外へ出居る。面謁す。

中泉陣屋へ着す。黄昏、夕六つ時前なり。泰蔵（池田、中泉元締め）・甫十郎（斎藤、手付）・昇平（高木、手代）・助次郎（飯倉、同）・豊次郎（只木、手付）、玄関式台へ出迎えのこと。

なお、この旅では宿泊した本陣から出される酒肴や品の返礼に、必ず二分あるいは二朱、心付けを差し出している。これは当時の公務旅行の慣習だったものか、あるいはこの後、領内の村々を廻るときにも、なるべく接待を退け、受けた場合は必ず返礼をするという、彼自身の考えによるものだったのだろうか。

到着の日は郷中村役人たちから、先例によるという申し出があり、「余儀なく、極々粗末に差し出すべき旨申しつけ」たうえで酒食の接待を受け、また先着の部下たちからも、道中ねぎらいの酒宴を開いてもらった。その中身を「酒・吸物・刺身・どんぶりもの三種・飯・平・猪口《ちょく》・香物・焼肴《やきざかな》」と、例によって細々と記している。

仕事始め

翌二十四日は一日休み、道中費用の計算などに過ごす。道中入用は五十三両二分余かかった。また御用金箱が封印のままあって、「千四百何両とかこれある由」としている。またここで日を置かずに、早速、郷宿と郡中一統の村役人へ、白州《しらす》において定例の取り締りについて申し渡し、確かに承ったという証拠の請け証文を取った。そのうえ、名主・郷宿のあるじたちとは別に表座敷で面謁し、こうした代官着任の際定例となっている酒肴などの饗応を断り、また、郷宿から長らく借用していた品々（何かは不明）はただちに返却、その代わりにそれぞれについて「教諭」したとある。こういう具合に、先に訴えのあった代官所とこれら郷宿や地方《じかた》役人との癒着の跡を断ち、みずから今後は厳正な姿勢を取ることを明らかにした。

翌二十五日には、早くも領内の視察かたがた検見《けみ》（年貢取り立て高の査定）に出かける。赴任がちょうど毎年定例のその時期に当たっていたことでもあるが、この勤勉さは、中泉在任の間、たゆむことなく堅持した彼の職務への誠実さを示すものといってもいいだろう。

こうして林伊太郎はこの地に、遠州・三州に広がる幕府直轄領の五万八千百五十七石七斗五升余を支配する代官として、嘉永六年（一八五三）から安政五年（一八五八）までの五年間を過ごすことになる。

この間、彼は江戸とそこにある知人や友を思う念に駆られながらも一度として帰府することなく、任地の勤めに専念した。この間の日記は、幕末の幕領代官の残した公・私の記録としては、たいへん興味深い内容を持っている。この中には、陣屋における代官としての日常生活を中心に、代官と農民・地方役人・郷宿との関係、歴史に残る巨大地震との遭遇とその救済、続いて起こった洪水被害対策、街道筋の治安対策、また海岸防備上金《あげきん》・西丸屋根板材・江戸地震復興資材用の竹の上納など、通常の業務ばかりでなく、緊急や臨時のものを含め、多くの業務に関する記事が収められている。

ただ惜しむべきは、このうち安政四年一年分の日記がないことである。もともと欠けていたものか、あるいは書いてあったものを、この翌年に起きた安政の大獄などの関連から、処分してしまったものかは分からない。なぜ惜しむかというと、実はこの年の二月二十九日、代官所管内の天竜川中流域の川縁にある鹿島分一番所（静岡県浜松市鹿島）周辺で、大きな一揆が起こったからだ。「分一《ぶいち》」とは、幕府が、農産物以外の漁業・山林・商業などを対象に、生産高あるいは売上高の一分を徴収する税で、この辺では、木材・炭・竹・串柿など、主として林産物に売上高の十分の一を徴収していたもので、分一番所はそれを徴するための番所だった。この年、徴収請負人たちの伺い出により、幕府が新たに九品目をその徴収対象に加えたため、これに反抗する千五百人ほどの農民が番所に押し掛け、やがて天竜川流域の村々から集まった総勢四、五千人の大勢となって東海道筋まで出たところで、代官所の役人とぶつかり、そこでひとまず収まるという大事件があった（『磐田市史』ほか）。この事態に当たって、林代官がどのように対処したかは、たいへん興味を惹かれるところだが、残念ながらこの年一年分の日記は現存しない。

なお、代官のもとに所属して直接現場の職務に従事する属吏の内訳は、江戸役所（麻布谷町の自宅）詰めの元締め以下、手付・手代八名、中泉陣屋詰めの八名、赤坂（出張陣屋）・鹿島（以下分一番所）・細川・東上《とうじょう》の出先に六名の計二十二名であった（『県令集覧』）。

代官の仕事
検見巡回

遠江・三河の幕領を支配する代官林伊太郎は、嘉永六年（一八五三）九月二十三日に現地中泉陣屋に着任して、その二日後の二十五日には、早くも属僚を従えて管内の検見《けみ》に出発した。

検見とは、その年の年貢高を決める方法、検見法によって行う代官の重要な仕事の一つとなっている。この検見法では、まず実りを迎えた稲を一歩《ぶ》、つまり一坪分ずつ刈り取らせる。これを坪刈りと呼ぶ。続いて村役人の家において、村方一同立合の上で、坪刈りをした稲穂を千刃扱《せんばこ》きを使って正籾《しょうもみ》とし、一升枡《ます》・五合枡を使って坪当たりの収穫量を量り、さらに一反歩の収穫量を算定する。これを舂法《ついほう》という。こうした手続きを踏んだうえで、その年の年貢高、取り箇《か》を決める。以上が検見と呼ばれる仕事である。年貢高の算定には、この検見法のほかに定免《じょうめん》法があって、こちらは数年間の収穫量を算出基礎とし、一定年間の年貢高をあらかじめ決めておくやり方で、これを希望する田は検見をせずに済ませる。実際には農民にとって有利となるこの定免法による場合が多かった。ともかくこうした方法によって、代官はその年の年貢割付《わりつけ》を村ごとに行い、文書にして年貢割付状を交付することとなる。

林代官は嘉永六年の着任から、安政五年（一八五八）の離任までの足かけ六年の間に、五回にわたってこの検見を行っているはずだが、そのうち欠巻あるいは一部欠となっている安政三年と四年を除いて、三回分の検見の記録を日記に残している。この記事を見ると、検見そのものの件数は多いものではなく、むしろ領内の巡見が主目的であって、各村の名主をはじめとする村役人たちとまめに面談するようにし、意志の疎通を図っていることが分かる。

林代官最初の検見は、着任から一日置いて二十五日から、元締め池田泰蔵ほかの供連れで、浜名湖を越えて遠・三州一円の幕領巡見にあわせて行われた。現地で検見に取りかかったのは二十六日の午前八時頃、下細谷村で新田の検見をした。初仕事となるこの村は、遠州灘沿岸の小村で、新開の田は収穫量わずか二石余りという少なさ、年貢米はないにもかかわらず、ひとまず検見ばかりはしたのである。この日の仕事は二ヵ所で終わり、海沿いの大津村で入り江を干拓したところを実見、吉田藩の行った干拓事業に感心すると同時に、ここがいま小松原となっているのは惜しく、薩摩芋を作ればよかろうにと記している。

ところがこの日、廻村の途中で、一行の露払いのために地元から出た男が足を蛇にかまれるという出来事があった。ここで代官は「憐れむべし」としてただちに手当をさせ、帰宅させた。後日職務を終えての帰路、その男の住む二川《ふたがわ》宿を通行した折、その後の容態を尋ねたうえで、薬代として二分を与え、充分な養生を命じたことを記している。些細な事件ではあるが、この細かい心遣いが、新しい代官の人柄を示す出来事として、近辺の人々の間に噂されたことであろう。

また、こうした巡回の途中では、村々の名主など村役人宅を休憩や宿泊に利用するが、その家で酒肴とかの供応があると、必ず二朱の心付けを差し出し、また、以後心遣いのないよう厳しく言い渡す記事が目立つ。代官の立ち寄りや宿泊に際して、村々に手数をかけてはならないと気遣って、常々手付・手代らに注意を促し、作業も進んで翌十月二日には、供一同に向かって、「御用中厳しく禁酒致すべき旨」とも命じている。これらはいずれも、領民に無用な出費をかけないよう、そして地方役人たちとの間に円滑な関係を維持するための策と見られる。またところによって、「先例」として「池の鰻魚」を差し出すなど、村方や宿役人からの付け届けがあった場合、「断り、返却」とするか、代金を渡している。差し出す村側の思惑はともかくとしても、今の世にもありがちな行政のゆがみを防ぐための心遣いと察せられる。この鰻を差し出した村は、一度ではあきらめ切れなかったらしく、二日後にも持参しているが、「堅く断り、返却」とある。これらはみな「民財を費やさざるを務めとなす」（「答秦寿太郎書」『鶴梁文鈔』）という彼一流の考えにもとづいている。

十月四日、山間の巣山村（愛知県新城市）で検見を行った際、隣村一色《いっしき》村（同上）の村役人が訪れ、次のように申し出た。

同村、准郷《じゅんごう》を願い出、且つ右村は乗り物も通行これなきにつき、御入りも御無用の旨、強いて申し立て候。

（この村は、検見を省き、巣山村に準じた収穫見込みとしてもらうこと〈「准郷」という〉を願い出た。しかも村までの道は悪路なので乗り物も通行できず、立ち入りご無用と強く申し立てた。）

これは明らかに何かの事情あって代官の村方への立ち入りを拒否したものと見られる。ところが林代官はこの申し立てを承知せず、山坂を駕籠に乗らずに徒歩で行ったところ、初めのうちは不服のようすに見えたが、村内へ入って、村人に向かって諄々《じゅんじゅん》と「教諭」し、そのうえで農業によく精を出していることを褒め、金百匹（銭一貫）を遣わすという策をとった。これに対し村人たちは「まことにもって喜悦致され候こと」と記している。彼はこの際、一色村が立ち入りを拒んだ理由をあえて詮索せずに済ませた。さらに巣山村の役人へも、同じように褒めたうえで金百匹を与えると、これも「大悦のこと」という具合に、手抜かりのない配慮も示している。また、この教諭は先の評定所留役以来、彼の得意とするところで、ほかの村々にあっても、その村人たちには、あらゆる機会に「利（理）解」「説諭」などという説得を有効な手段として用いている。この一色村の場合は単純な懐柔策とも見えるが、ここではそれがひとまず功を奏したのだろう。それに、この一件についてては、新代官の評判としていずれ近隣の村々へも伝わっていくことも頭に浮かんでいたかもしれない。それはともかく、日記のこの記述から林代官の領民に対する積極的な姿勢が分かると同時に、代官と村方農民との緊張した関係を垣間見《かいまみ》る思いがする。

また、こうした検見の間に、鉛山・砥石《といし》山・楮《こうぞ》の産地について調べたり、村々巡見の途次に残る三河松平家、また徳川家康ゆかりの社寺や遺跡に立ち寄って見分し、なかでも神君家康少年時代に用いた机・硯などの遺品を拝観して、その品々と由緒を書き留めている。

二年目の巡回

嘉永七年（安政元年、一八五四）は、この年八月の水害に遭った天竜川筋村々の被害状況見分をまず済ませ、いったん帰陣した後、九月一日からほぼ一ヵ月をかけて三州・遠州の地を巡った。このたびも管内の巡見が主な目的であったようで、村々の状況を見分しつつ通過あるいは立ち寄り、検見のかたわら宿役人に「和熟倹約」を説諭したり、新開地の地所分割をめぐる村同士の争いを調停するなどの仕事もあわせ済ませた。

この二年目の巡回では、公務の旅の道すがら眺めのよい場所にさしかかったとき、そこにしばらく足をとどめ、詩を賦したり眺望をスケッチしたりという余裕も見せている。

浜名湖北部の気賀《きが》関所を出立、領主の旗本近藤縫殿助《こんどうぬいのすけ》の家来が案内役として先に立ち、呉石村・吉本村・小森村を過ぎ、下村に入る。ここから小引佐《いなさ》峠に登ると浜名湖の入江が見え、「絶景無涯なり」。下村本郷の一軒家の前からは駕籠を降り、徒歩で引佐峠へ登る。

舞坂新居指顧間　　舞坂・新居　指顧の間
遠帆数点互行還　　遠帆《えんぱん》数点　互いに行き還る
展眸時厭輿窓窄　　展眸する時　輿《よ》窓《そう》窄《せま》きを厭《いと》い
引杖陟降湖上山　　杖を引き陟降《ちょくこう》す　湖上の山
（九月三日条）

引佐峠は、東海道見付宿から御油《ごゆ》宿まで、浜名湖北岸を通る「本坂越え（姫街道）」のちょうど中程、気賀《きが》関所を出た街道が浜名湖の真北にさしかかるあたりにある峠で、湖のほぼ全容を一望できる場所にあり、遠州灘に面した「舞坂・新居《あらい》」も「指顧の間」にあると見える景勝地。この湖上の絶景を駕籠の窓から眺めるだけでは我慢できず、駕籠を降りて山道を登降しながら歩いたという詩である。この引佐峠付近で三枚のスケッチと二編の詩、さらに西へ進んで本坂峠では、わざわざ峠の上にある「坊峰（功ヶ峰）」まで登って眺望を楽しみ、浜名湖だけでなく、その先の遠州灘・伊良湖崎・三河湾と志摩・鳥羽まで描き込んだスケッチを試み、詩を書き添えてある。こうしたところがいかにも文人代官らしく、行程中、この一首のほかに七編の詩を詠じている。

この後、街道を御油宿へ出て、赤坂宿にある出張陣屋（代官所支所）に立ち寄り、さらに西へ向かって三州岡崎在鴨田村にある徳川家の菩提寺、大樹寺《だいじゅじ》を訪れ、着衣を改めて霊屋に拝礼、寺宝を拝観した。この寺は、文明七年（一四七五）創建の浄土宗寺院。十六世紀中頃、松平家の菩提所として大規模な造営が行われ、家康の死後、その遺言によって、将軍家菩提所となったものである。この寺は代々将軍の等身大と伝える位牌《いはい》群を今に遺すことでも名高い。伊太郎は、兼ねてからの徳川家、なかでも家康に対する深い崇敬の念から、このときも襟を正して参詣したが、そのわずか三ヵ月後の安政二年一月、失火によって本堂・庫裏《くり》などその主要部分を焼失してしまうので、この折が旧寺を拝する最後の機会だったということになる。このほかに永井村称名寺・岡崎宿随念寺など家康ゆかりの古刹にも立ち寄り、住僧と面談、寺宝の品々を拝観し、またそうした折に寺僧から聞いた武田の武将山本勘助《やまもとかんすけ》の伝承などを書き留めた。

帰途はところどころの村で検見をしながら二川《ふたがわ》宿までもどって、浜名湖西岸づたいに三《みっ》ケ日《かび》まで行き、再び引佐越えをして気賀関から東岸へ廻り、舘山寺《かんざんじ》へ立ち寄る。ここでも住僧の挨拶を受けた後、望岳巌に登って「これ山中眺望第一処なり」と記し、西行岩・普賢堂などを見、黄檗《おうばく》僧の書について「妙品なり」と感想を書き付けている。続いて東岸の村々を巡見しながら海岸の篠原村へ出、浜松宿を経て九月二十二日にいったん帰陣する。帰り道は、浜名湖をほぼ一周したことになる。

この後四日間の滞陣のあと、次は遠州側の村の巡見と検見に出る。大井川対岸の村々まで四十ヵ村余り（このうち検見は四ヵ村）を廻り、こちらは六日間で仕事を終え、十月三日に帰った。このときは袋井宿の北、久能村の古刹、可睡斎《かすいさい》に立ち寄り、山上の眺めを楽しんだ後、その忘帰亭に寄り、ここでも七言律詩を作っている。

林代官の主要な職務である毎年の年貢徴収は、上述のように、在任中滞りなく進められた。そして、この領内巡見を兼ねた検見廻村の際、宿舎となる名主や各村々の役人たちとの面談・説得を通じて、代官と村方の意志の疎通を図っている。また、彼はこうした巡見や災害時の必要にかられ、後日、遠・三両州の地図を作製した。これには、配下の属僚、なかでも絵師であった手付の吉田善四郎柳蹊《りゅうけい》（嘉永七年二月着任）らが地元の住民とともに作図に当たる。一方、これまで見たとおりに、道すがら眺望を楽しんで詩を詠んだり、徳川家ゆかりの寺を拝観したり、ほかに古資料の収集筆写に努めたりもした。この巡見から一ヵ月後の十一月四日、突如、東海地方を巨大地震が襲う。彼の中泉代官在任中は、以後たび重なる災害など多難な時期であったが、かつてのように日頃転任を願って易占などに望みをかけることもなく、代官の職を誠実かつ積極的に、また心のゆとりを持って勤めていることが分かる。

代官の日常

初午の楽しみ

JR東海道線磐田《いわた》駅を南口から出て信号を一つ渡ると、右側に御殿遺跡公園として整備された広場がある。もと遠江《とおとうみ》国の国府が置かれた頃の遺跡で、のち徳川家康の別荘、中泉御殿があったところ、その建物の柱石が出土した場所を公園としたものという。そして、この場所と隣接地一帯は、幕末期まで中泉陣屋（代官所）の置かれていたところでもあった。陣屋の敷地は三七五〇坪、本陣役所と代官の住居となる建物が当時二五九坪、ほかに属吏の住居となる長屋が五棟、門番所・米倉などの付属建物と庭・野菜畑などがあった（『磐田市史』）。維新後、代官所が廃止になってからしばらくは、その米倉が男子中泉学校、役所が女子学校となったという。陣屋内には桜の木もあって、花盛りには属僚たちを住居へ招き花見の酒宴を開いている。今このあたりは、公

図4　中泉代官陣屋跡（御殿遺跡公園，磐田市中泉）

図5　旧陣屋門（磐田市荒島所在）

園設置の時期に区画整理が行われたらしく、新しい道路が駅から南に通じ、往昔の面影を止める景観はない。ただ、この公園の一隅に欠け損じた古いセメント作りの円柱が一本、いささか場違いな感じで佇立《ちょりつ》しているばかりである。これには「御陣屋跡　軍兵稲荷道」とだけ刻まれ、いつだれが立てたものかもいっさい不明、代官所跡と稲荷参道を示す標柱で、もとはこの近くの路傍にあったものを、公園整備の際、ここへ移したということだ。この稲荷祠はかつて陣屋の敷地内にあったらしいが、今は跡形もない。

嘉永六年（一八五三）から安政五年（一八五八）まで、足かけ六年にわたってこの陣屋に詰めた代官林伊太郎は、信仰にも篤く、陣屋内にあったこの稲荷祠にもたびたび参詣していることが日記に見える。ただし、記事中には「軍兵祠」とだけあって、戦《いくさ》か武道の神を祀る祠を思わせるが、この風変わりな名称の由来は今もって不明らしい。林伊太郎は在任中、毎年の初午《はつうま》に赤飯を炊き、陣屋中で祝った。なかでも代官として着任して初めての初午は、嘉永七年二月朔日庚午、当日は晴天で、代官所の仕事は普段どおりだったが、餅米三斗・小豆九升・松薪十把《ば》の代銭七貫余を役所入用から、また一貫文を手元から出し、赤飯の支度をいいつけた。ところがこの日、

午後より小荷駄馬の上に緋縮緬《ひぢりめん》蒲団《ふとん》五、六枚ずつも重ね、百姓打乗り、裏門入り来り、馬場を乗りまわし、手綱なし（はなしか）、手を揚げ駆けまわり、失笑にたえざるな

り。午後より逐々《おいおい》相変わり、七つ時（午後四時）頃に帰り去る。

という面白い出来事があった。そればかりかこのあとに次のような騒ぎとなる。

見付宿飯盛女《めしもりおんな》数十人、これまた参詣に来たり、見物山のごときこと。

東海道上り二十八番目の宿場、見付は、林代官着任より九年前の天保十四年（一八四三）には、家数千二十九戸・人口三千九百余人を擁する街道筋でもとくに繁華な宿場だった。本陣は二つあり、旅籠は五十六軒、このうち大・中が三十四軒というから飯盛女を置く旅籠《はたご》がそのくらいあったとして、御定法どおり一軒二名ならば六十人以上はいただろう。ほかにも茶屋が二十三軒、居酒屋などさまざまな商店が軒を並べていた。ここから浜名湖北岸を迂回する姫街道が分岐する要衝であってみれば、かなり賑やかな町であったことは想像できる。ところがこの中泉代官所は、その宿場から鍵の手に曲がる街道を二キロ余りの道のりを隔てた南にある。今でもこの間はバス停で七つ、歩くには少しきつい距離だ。この街道を駕籠を連ね、あるいは馬を曳かせて、きれいどころが陣屋の敷地の一隅にあるお稲荷さんへ繰り込むさまは、さぞかし派手やかであったに違いない。「見物山の如き」なかには、役所の窓から覗く謹直なお代官様の顔もあったのだろうか。全国四十余の代官所中でも「難所」として、上司勘定奉行から特命を受けて着任した彼は、早々から地方《じかた》役人や郷宿《ごうやど》などとの馴れ合いや饗応を退けて個人的な癒着を断ち、みずから積極的に廻村して民情の把握に努め、管下の人民には信賞必罰をもって臨んだ。街道筋を悩まし続ける博徒や盗賊の取り締まりも強化している。そうした職務繁忙と緊張の連続の中で、この初午の賑わいに見せた人々の笑顔は、やはり彼にとってもホッとする楽しいものだったに違いない。日記の記述の行間にそれがにじみ出ている。

二度目の異国船来航

ところでこの年は初午のひと月前、正月十日、管内の御前崎《おまえざき》から異国船発見の急報が入り、代官所に緊張が走るという事態があった。

嘉永七年（一八五四）正月十日　庚戌　晴、暖　三

御前崎より急届け、未中刻来る。異国船三艘、同村沖合へ相見え候趣云々。直ちに御勘定所御届け書差し出し、甫十郎・昇平、御前崎へ出役。夜に入り同所二つ谷組よりも届け差し出す。申の下刻、御前崎名主久左衛門より手紙来る。追々異船《（ママ）》四艘とも走り参り候間、ご出張には及ぶまじき旨。酉の上刻、高新田よりも届け出す。子の中刻、川尻村も同断出す。寅の中刻、久保木将太より泰蔵ほか一人へ同断手紙来る。

（午後二時頃、御前崎から至急の届けが来た。異国船が三艘、同村の沖合に見えたとのこと。ただちに御勘定所へ届け書を差し出し、手付の甫十郎と手代の昇平を御前崎へ行かせた。夜になって同所の二つ谷組からも届け書が来た。午後五時前に御前崎の名主久左衛門から手紙が来た。その後次々と異国船が四艘とも走って行ったのでご出張

には及ばないとのこと。午後五時過ぎに高田新田からも届けが出た。午前〇時に川尻村も同様に出た。翌朝午前四時に久保木将太から元締めの泰蔵ほか一人にも同様の手紙が来た。）

翌十一日、浜松・掛川・横須賀の各私領陣屋へ防御の兵員派遣の命を伝えると同時に、十二日にはみずからも武装を整え、乗馬供連れで出陣する。この船影は、前年に引き続くペリー再来航に際して現れた軍艦七艘を望見したもので、三月にはアメリカと幕府との間に日米和親条約が締結され、これが幕末史の大きな転換点を作り出す契機となる。ところでこの日、彼が現地に到着したときは異国船はいずれも神奈川沖へ向けて立ち去ったあとであったが、これはこれで緊急時のシュミレーションとして成果を得たであろうし、この噂は何よりも管下の人民に時勢の急を肌身に感じさせる効果があったはずである。

林代官着任当時、この地域では幕府の求めによる江戸城西の丸修復用の屋根材上納が滞り、加えて相次ぐ異国船来航に伴う江戸湾台場建設などの費用を徴募するという課題が待っていた。前任の代官の怠惰がそのまま領民との間に不穏な空気を生んで、江戸出発前から村民の出訴があり、着任後も張訴・捨訴などたびたびに及んでいる。ここで林代官のとった手段は、これらの訴願を無視せずに処理して、みずからと属吏の身辺と行動に厳しくするとともに、折に触れ直接村役人らと面接して、実意をもって語りかけるというやり方であった。

なかでも海防費用の上納については、彼自身熱烈な海防論者であったところから、折もおり異国船来航という文字どおり眼前に迫った国家的な危機を示し、強い説得力をもって領民に訴えたに違いない。ともかくこの後、林代官は海防費用として七千六百両と杉の巨木八本の「上金《あげきん》、献木願」を差し出させることに成功した。この上金願の中には、「聊《いささ》かの者も御座候えども、志の程は同様の儀にて」とある。積み残しの課題であった屋根材の積み出しも滞りなく終えている。こうした成果を挙げるについては、この初午の賑わしい行事もまた、鶴梁と在任地の人民との融和になにほどかの寄与をするものとなっただろう。

ところがこの年は十一月末、改元あって安政元年となるが、その直前の同月四日朝、突如マグニチュード八・四という巨大地震が東海地方を中心に襲う。中泉陣屋の建物は全・半壊し、この繁華な見付宿をはじめ、袋井・日坂《にっさか》という管下の宿場や村々が壊滅的な被害を受ける。安政の東海大地震である。しかもその復旧も途についたばかりの翌二年秋、七月から九月にかけ、暴風雨によって天竜川・大井川が氾濫し、流域一帯に大規模な洪水被害をもたらすという災禍が続く。

こうして運悪く二年にわたった大きな災害のために、この後は嘉永七年の初午のような賑やかな初午行事はなかったらしいが、代官林伊太郎の、いかにも儒者・詩人らしく人間的で誠実な領民との関わりようは、後に述べるようにこれらの災害への対処や、恒久的な救荒《きゅうこう》対策の実現などを通じて、遠州・三州の地に善政の名を残すこととなる。

なお、引用した日記記事の冒頭日付、天候の記録の下にある「三」は、原本では記事の上に頭書されているもの。この数字は次に述べるようにその月内の房事の回数を記したものと見られる。

病気と健康管理

異国船発見の報を受けたあと、十二日、代官みずから家臣を率いて馬上御前崎村へ出陣、ことともなく現地での処置を終えて帰陣した。ところが、十五日になって突然、伊太郎は吐血する。頭痛や胸痛・動悸が続き、七日間ほど勤めを休んで床に就く。結核など、胸部疾患を思わせる記事は見当たらないので、今でいえば胃潰瘍の出血だったのだろうか。詩人の心を持ちながら誠実に領内を治め、部下の指揮監督を怠らない日常の連続からくるストレスによるものかもしれない。その後いったん快方に向かったので追々好きな酒も少しずつ始めたが、越えて三月七日、この日は役所へ出勤し、入浴して気分も良かったので昼・夜食とも小椀一杯ずつ余分に食べたところ、夜食後再び吐血があり、家人をかねて掛かりつけであった浜松在住の医師、渡辺玄知のもとへ走らせた。八日早朝駆けつけた医師の指示に従い、このとき初めて「童便」を用いた。

この童便は、代官手付の池田泰蔵の倅《せがれ》から得たもので、日記の記事からは大・小便の別は分からない。ところが最近、鈴木昶氏の著書『江戸の医療風俗事典』（二〇〇〇年）で、民間医療の処方を記した奇書『救民単方』中に、次のような記事があることを知った。それは、「童子大便を干し、粉にして丸し、生姜《しょうが》汁にて用う」というもので、これは「胸虫」という胸の部分の痛み、胸郭内の臓器や胃の痛む症状の治療法だったという。また、小便の飲用が、人の病になにがしかの効き目をもたらすという俗信めいた考えは、今これだけ医療の発達した現代でも細々と生き続けているようで、まれにマスコミに報ぜられることもある。これもまた、昔から民間に伝わる処方だろう。いずれの場合もとくに小児のものとしたのは雑菌が少ないからであろうか。

ともかく伊太郎は、胸の辺の痛みとこの二度の吐血に驚き、日頃信頼する医師の処方に従って身近にいる小児の便を手に入れ、これを飲用した。煎薬や蓮根汁のほかに、この「童便」を一日朝・午後・夜の三回、分量は分からないが、この日から六月十九日まで百日間と決め、例の生真面目さで結局六月三十日まで毎日飲み続ける。七月に入ってから、童便百二十日分の挨拶として、親の池田泰蔵に礼金五百匹（銭五貫文、一両弱）松魚節《かつおぶし》一箱、佐藤一斎点入りの四書五経一組を、また直接手を煩わした下女にも一両を贈っている。総額三両二分と銀一匁相当の謝礼であった。初めのうち二、三度もらった吉田善四郎へは、鰻蒲焼き二朱ずつの札（商品券）二枚、という律儀ぶりである。

原因不明の出血はこの後も続き、日記には「暁唾淡紅中紅点有り」「暁唾昨より薄」など、九月に「暁唾常の如し」と治癒の記事が見えるまでの間、正月以来九ヵ月の間ほぼ毎日、出血の様子を丹念に記録にとどめている。

さてこの暁唾淡紅の症状が安定して来た閏七月二十日から、伊太郎は朝「庭内試歩」を始める。この日は朝飯前三千六百歩、（昼脱か）飯前二千八百八十歩、又休み千百歩、「惣《そう》〆《じめ》壱里なり」と記している。この後、連日あるいは日を置いて、一里、二里と庭内外を試歩、ときには一度に無休四里まで歩き続ける鍛錬をみずからに課した。こうした厳しい訓練は、八月中旬まで続くが、それはどうやら九月一日から始まる、着任二回目の遠・三州の巡見と後半に行う検見《けみ》に備えたものらしい。はからずもその前に、八月十九日の豪雨で氾濫した天竜川の洪水被害実地見分も加わって、このときは途中二度立ち寄るほか、九月一杯ほとんど陣屋を留守にし、十月の七日にやっと中泉へ帰陣するという、かなり強行な日程を消化している。とくに領民と接する機会の多い代官のこうした現地勤務は、江戸の閑《ひま》な城勤めとは違ってかなり繁忙で、みずから体力と健康の管理を必要とし、とくに意を用いていたに違いない。

あるいは体質がそうさせたものか、代官在任中に限らず日記には早い時期から薬餌《やくじ》に親しみ灸治を加える記述が続き、また病臥の記事も多く、そのつど医師の治療を受けている。

おそらくはそのため、どこに住むときも彼には親しく交わる医師がいた。なかでも終生最も親しい友とした渋谷竹栖《ちくせい》は松代藩医で、鶴梁と同じく南宋の詩人蘇東坡《そとうば》の愛読者、鶴梁は彼のあまりの傾倒ぶりを「蘇癖あり」と揶揄《やゆ》し、その竹栖のために「惟有蘇斎（竹栖の斎名）記」の一文を著して呈した。中泉では浜松に在住する聾者の名医渡辺玄知、玄知については「丶房記《ちゆうぼうき》」を記し「偉人」としてその徳を讃えている。さらに江戸へ帰ってからは川路聖謨《かわじとしあきら》の主治医を勤めた尾台良作と親交を持って、もっぱらその診察と治療を受けていた。

また、嘉永二年（一八四九）四月からは、記事の頭に「襄・成・造・為・做」などの字と数字が書き込まれている。遡って弘化五年（嘉永元年、一八四八）九月には「作」がある。これらの字に共通する訓は「なす」なので、これは、房事を意味するものと思われる。数字は月初の一から始まり、三ないし十まであるので、その月内の回数を記録したものと見ていいだろう。なお、万延元年（一八六〇）五十五歳の十二月には「五八」とあるので、この年に限っては年間の回数を累積して記録したらしい。月にすれば五回近くになる。中には単に数字だけ、あるいは「朝」「暁」、また「手」「手成」などもある。こうしたメモは断続的にではあるが文久元年（一八六一）の巻末まで続く。これもやはり鶴梁一流の記録癖をもって書き留め、健康管理の目安としたものか。このほかにも医書を読み、時にはみずから酒を断ち、食餌を蕎麦に切り替えるなど、健康には随分注意していたことが日記全体を通じて記されている。

街道筋のさまざまな事件

中泉代官所はその管内に東海道が縦貫し、宿場も日坂から藤川まで十三を数えるところから、一帯に風紀が乱れ、在任中はとかく治安上の問題が多く、日記にも取締まりに関する記事がいくつか書き込まれている。

嘉永七年（安政元年、一八五四）閏七月二十日　丁亥　晴

和田村百姓栄蔵宅へ去る十八日昼八つ時頃、遠州西方村無宿仙吉・駿府下国町無宿秀五郎・掛川宿無宿庄太郎・日坂宿無宿熊吉・尾州名古屋無宿菊次郎儀罷《まか》り越し、金子《きんす》貸呉れ候よう申聞け、金銭差出さず候わば切り殺すべき旨申し威《おど》し、刀を抜き、峰打ち、又は打擲《ちょうちゃく》いたし、女房驚き走り候より、村役人宅にて早鐘をつき、最寄り十八ヶ村のものども暫時うち寄り、番人差し押さえ、長刀三本取り上げ、番致し置き、同村組頭松蔵訴え出候間、右様悪党ども差し押さえ候段はもちろん、すべて近村々、私領のものどもまで、睦まじく罷りあり候ゆえの儀、一段のことに候条、役所において褒めおく。

浜松宿に近い東海道沿いの和田村農家栄蔵の家に、昼日なか、近郷出身の無宿者ら五人が入り込み、刀を抜いて家人を峰打ちにしたり殴りつけたりして、金銭の押し借り（強

盗）を働いたのである。ところがこのとき、栄蔵の女房が賊の目をかすめて村役人の家へ駆け込み、急を告げた。役人は即座に半鐘の早鐘を打ち鳴らし、近在の村に急を知らせた。これを聞いて、近くの十八ヵ村の人々が集まる。ただし当時の村といえば、今の「字《あざ》」に旧村名が残るように規模は小さく、せいぜい四、五十戸の集落だったから、急を知らせる早鐘はどの村へもよく聞こえ、一村一人としても二十人以上は集まっただろう。賊を難なく取り押さえ、凶器も取り上げることができた。この一部始終を村役人の松蔵が代官所へ届け出ている。これを聞いて林代官はその村人たちが一致して悪者を捕らえたことを褒めるが、そのとき、とくに「近村々」の幕領と私領（大名・旗本領）の村民同士が、日ごろ睦まじく暮らしていることを取り立てて褒めている。これは、当時往々にして幕府の権威を笠に着た代官直轄地の農民と、隣接する私領の農民との間に争いが起こりがちだったからだろう。翌二十一日、代官所公事方《くじかた》手代の池田滝五郎が和田村へ出向いて四人を受け取り、夕刻帰陣ののち、一通り吟味《ぎんみ》、入牢を命ずる。首謀は仙吉と秀五郎、その他は後から個々に加わった者と分かった。その後の処置は記録にないが、いずれ駿府《すんぷ》送りか、何がしかの刑に服したことは間違いない。

ここまで詳しい記事は珍しいが、黒澤映画を髣髴《ほうふつ》とさせるこのような光景が、当時現実にあったとは驚くべきことだ。司直の手の及びがたい村ではこうした農民同士の自警活動も大いに役立ち、犯罪の抑止にも効果を発揮したことだろう。この和田村は、天竜川を舟で渡り、六キロほど先の浜松宿へ向かう旧東海道が、現浜松バイパスと交差する付近だが、もともと遠州でも東海道筋に近い一帯はいずこも同じ、次郎長一家の繁栄を見ても察しがつくように、農事を捨てて宿場の稼ぎ目当てに集まる無宿者や博奕《ばくち》うちが横行し、風紀が悪く、警察権をもって治安の任に当たる代官が、代々苦労してきたところである。現にこの記事の前日にも、罪状は不明ながら、無宿勝三郎・林蔵・友五郎の三名を駿府送りとし、別に無宿喜八が「在牢中病死」、同じ月の二十一日には「八ツ手新田村無宿惣蔵一件落着申し渡し」があるという忙しさ。同年四月には、

　昨日か一昨日か、袋井辺、池田村辺、無宿ども喧嘩いたし候趣にて、なおまた今日、見付宿天神原とかに相集まり、鉄砲所持これある旨注進これあり候につき、昇平・滝五郎・豊次郎出役いたし候こと。夜五つ時帰る。（四月二日条）

という事件があり、また十月には袋井宿から、無宿者が十人ばかり槍や刀を抜いて宿場の中に入り込み、問屋場辺りをうろつきまわって「勘助を殺してやる」などといい、勘助が家に隠れているとそこへ押し入って乱暴を働いた、と急な届けがあり、即刻、手付の藤田森蔵と只木豊次郎の二人が取り締まりに向かうということもあった。このように街道筋ではたびたび、講談や映画の「清水次郎長」の世界そのままに博徒《ばくと》間の争いがあったものら

しい。八月には秋祭りの村で禁制の手踊りや博奕宿の摘発など、治安対策の強化に努めている。

別に、彼が福井藩士橋本左内《はしもとさない》にあてた書状には、こんなことも書いている。

無宿小常と申すもの、これまで遠州第一の博奕打ちにて、だれ支配の節も何分召捕かね候えども、それがし術計をもって召し捕り、吟味の上、遠島に相成り、諸人安心のこと。

（安政三年八月一日付）

文人代官とはいいながら林伊太郎は、このようにして管内の宿場や村々の治安維持について、格別の力を注いでいたということが分かる。

関東一円、河川・街道筋の博徒の跳梁《ちょうりょう》は、幕末のこの時期から維新期へかけていよいよ最盛期に入り、下総の勢力《せいりき》富五郎、上州の国定忠治《くにさだちゅうじ》、甲州では竹居安五郎（ども安）・黒駒勝蔵、東海道筋は次郎長のほかにも伊勢古市《ふるいち》の丹波屋伝兵衛などの大物が活躍する時代となった。各地に残る地方文書《じかたもんじょ》中にも寛政の改革以後、文政十年（一八二七）・天保十二年（一八四二）と奢侈《しゃし》の禁止、無宿者の宿村立ち入りや博奕禁制強化の触書に比例する形で、村方での芝居手踊りや相撲《すもう》興行など摘発の文書が増え、同時に賭博取り締まりに関係する文書の数も多くなってくる。この騒然たる街道筋の治安の状況は、中泉代官所に関わるこういった諸事件の記事にも、明らかに読み取ることができる。

災害と救援活動

東海大地震の襲来

嘉永七年（安政元年、一八五四）十一月四日午前九時頃、東海から南海道にかけての沿岸地方は、突然の激震に襲われた。震源は浜松沖八〇キロ、マグニチュード八・四という強い地震で、今、安政東海地震と呼ばれるものである（宇佐美龍夫『大地震』一九七八年）。林代官はこの日の日記に次のように書き留めた。

十一月四日　晴、無風
朝五つ半時頃か、大地震。陣屋みな潰《つぶ》れ、馬一匹圧死。第一住居みな潰れ、それより泰蔵・助次郎・森蔵・昇平長屋同断。表座敷・役所・甫十郎・善四郎長屋は、全く潰れ切り申さず。即刻御勘定所御届け出す。仮小屋庭中へ仕立て、右へ夜宿す。赤坂御用状来る。今夜立田岩太郎見付旅宿に候処、地震に付き、日坂へ野宿のよし。即日、泰蔵中泉辺見分罷《まか》り越す。

この地震で、中泉陣屋は一部の長屋を残して壊滅し、馬が一頭圧死している。またこのときの被害は、伊豆から伊勢までの沿岸地帯と甲斐・信濃・近江・越前・加賀にまで及び、津波は房総・江戸湾・東海・近畿から土佐までの沿岸を襲う。折しも下田に停泊中のロシア軍艦ディアナ号を巻き込んで大破、やがて沈没させることになった。また、当代官領の廻米《かいまい》を積んで、江戸へ向け太田川河口の磐田郡福田津《ふくでのつ》から出港した船が一艘、やはりこの下田《しもだ》湊《みなと》で津波に遭い、難船している。この地震と津波で、被災地では推定三万五千戸あまりの家が倒壊・流失し、六千戸が焼失という惨禍を生じた（宇佐美、前掲書）。

代官所では地震の後、とりあえず陣屋の庭に仮小屋を建て、そこで当面の役務を行い、また代官の住居とした。林代官は、即日、元締めの池田泰蔵に近辺の状況見分を命じ、江戸の本庁となる勘定所へ届を出す。また、勘定吟味役立田岩太郎が上方へ向かう道中この難に遭い、見付宿手前で野宿していると連絡があった。立田はこの後八日まで見付宿に滞留し、たびたび何かとやかましくいってくるため、手付の吉田善四郎を付けて置くことにした。非常の折から迷惑なことだったろう。

翌五日には「度々地震これあり、もっとも昨朝程にはこれなく」と記したが、実はこれが四国・近畿・中国地方を中心に、前日の東海大地震に匹敵する甚大な被害をもたらした

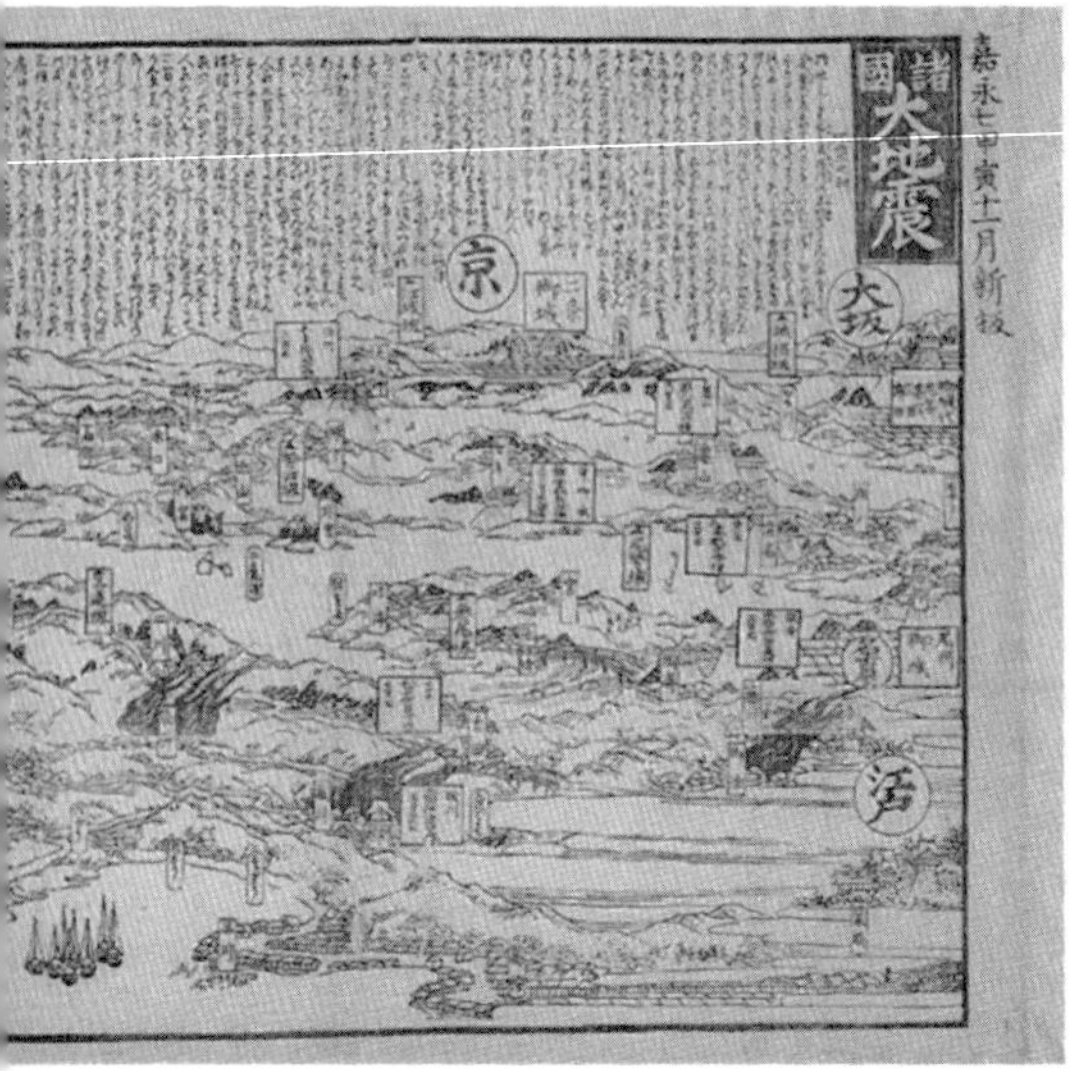

安政の南海大地震だった。

代官林伊太郎はこの日、余震うち続く中を、厳めしくも槍持ほか三人の属僚を従え、中泉近辺と牢屋を見回り、囚人一人ひとりを確認する。この東海大地震で、天竜川以東の宿場が大きな被害を受けたが、なかでも袋井宿は本陣・旅籠《はたご》屋を含め、二百戸近い家が倒壊・全焼して食料にも差し支えたため、隣村の旗本領から米二十五俵借用、代官所からは即決で百両を貸し出した。また、旅途中の武家が、街道混乱のため、中泉の寺へ宿泊の許しを願い出る。当時、宿場の経営保護策として、宿場以外の宿泊を規制していたからである。非常の場合として許可した。

六日には仮小屋の手直し、吉田(豊橋)城大破の報《しら》せが入る。

七日からは配下の手付《てつき》・手《て》代《だい》を動員して、管内村々の状況調べが始まる。今、磐田市発行の資料には、代

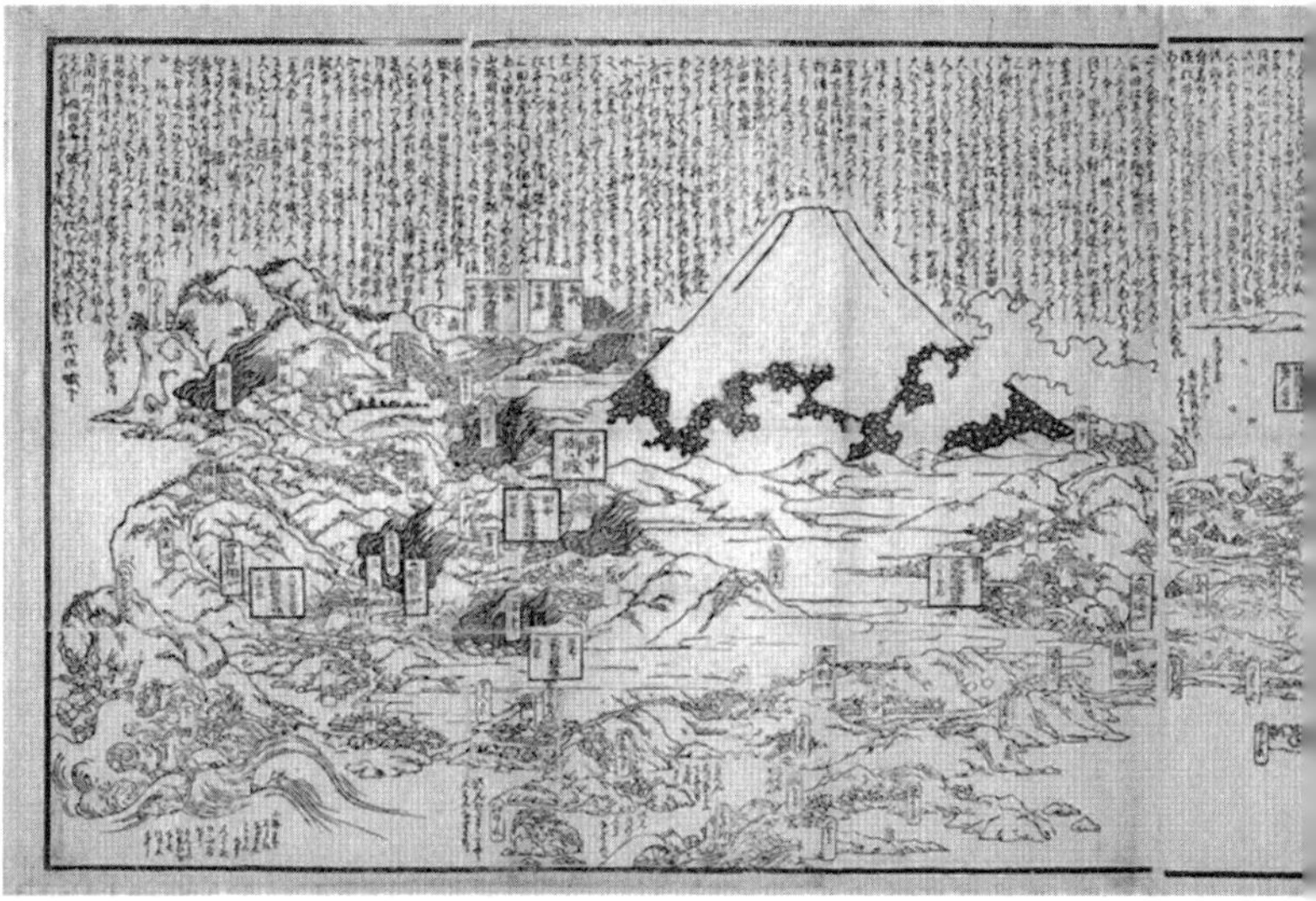

図6　安政の東海地震を報じた瓦版（「諸国大地震」，嘉永7年11月，東京都立中央図書館東京試料文庫所蔵）

官がこのとき、袋井と舞坂・日坂・見附・赤坂の宿場と沿岸の掛塚《かけつか》村の被害を勘定所に報じた届け書が収録されているが、それには、

> すべて往来二、三尺ほどずつ地裂け、泥水吹き出し、天竜川通り村々は、大囲堤震れ込み、跡形も無く相なり候場所もこれあり候趣に御座候。
>
> （磐田市誌編纂委員会編『中泉代官』）

という状況の説明がある。また民間には、左のような記録も伝えられている。

> 掛川宿・袋井宿は火事出来《しゆったい》、人の死去おそろしき事なり。そ

の節、後藤おゆきどのには七十歳にて横死なられ、まことに気の毒。当家義は土蔵三ケ所、本家・借家に至るまで倒れ、おそろしき極難なり。

（『磐田市史』史料編二、「逢勢屋右内記録」）

八日には三州鳳来寺《ほうらいじ》へ祈願のための使者を派遣し、また近くの寺へ、九日から七日間、陣屋内庭での「国家泰平郡民安全の祈禱護摩《ごま》修行（橋本左内あて書簡）」を命じ、自分はその間、塩断ち、白粥、潔斎精進《けっさいしょうじん》をしたと記している。一つには人心の安定を図る手段としたのだろう。

九日に管内宿村へ囲穀《かこいこく》（備蓄雑穀）の貸出しを命じ、翌十日は寒風をついて、みずから七キロ余の道のりを徒行、全滅した袋井宿の見分に出、宿内の全員を集めて、千人分ほどの粥の炊き出しを行った。当日の日記にはこの記事に添えて「一同欣躍」と記している。

十一日には停止していた役所の業務を再開、本格的な救援活動が始まる。代官自身、十二日に東海道の天竜川池田村渡船場へ赴き、五十両の金、急夫食米《ぶじきまい》（救援米穀）・籾《もみ》の貸し渡しを決め、さらに掛塚村など天竜川下流域の村をまわって状況を見分し、同様に救援米や籾・敷き板などの貸し付けを手配する。十三日になって江戸の知人からの便りを受け取り、初めて今回の地震による各地の被害のあらましを知った。十九日には袋井宿へ家作代金として五百両を貸し渡す。そして、二十二日夕刻からまた巡回見分に出立、二十三日朝にも余震と思われる大地震があったが、そのまま廻村を続け、この後二十六日まで舞坂・白須加《しらすか》・二川・赤坂方面を廻って歩いた。二十八日は所用のため駿府までの道筋島田・藤枝・駿府の被害状況を見、帰路は大井川堤の破損箇所見分と、七十歳以上の年寄りに綿を渡しながら廻村する。この間も「震動未だ止まず、恐るべし、慎むべし」と書き添えている。この被災地見分と救援活動は、翌安政二年にまで及んだ。のち、橋本左内あての書簡中にこのときのことを、次のように書いて送った。

泥付衣類のままにて宿村をまわり、手切りを以て窮民どもへ粥焚き出し、または小家掛け、根太板、老人へ綿など差しつかわす。

またこれに続けて、中央への伺などにはこだわらず「公儀より急場御貸渡」ということにして米金を与え、なによりも「天災よんどころなき次第につき、気勢落とさざるよう致すべき」ことを述べ、励まして歩いた、と記している。

幕府中央からは十一月八日付、続いて二十八日付をもって、困窮民の救済に当たって手抜かりのないように、また、迅速に行き届くようにという通達が出たが、緊急の救援活動は現地裁量に任せていたようで、これが「手切り」に当たる。林代官もこれまでの対策に加えて、被災民の寒気の中での越年に配慮している。十二月二十一日の記事には、小屋掛料について幕府からの指示がなく、寒気の時節なので、代官所で立て替えて金を貸し出すと決め、潰れ家・半潰れとも、平均一軒につき金一分ずつ貸し渡すということを申し渡した、とある。ここでもまた自己裁量でこの緊急時に対応していることが分かる。

また、こうした官側からの救援ばかりでなく、民間からも寄付の申し出があった。合わせて六百四十両の金額を無利息で五ヵ年賦の貸し出しを願い出たので、早速これを聞き届ける。内訳は平八・五兵衛三百五十両、二俣治郎八そのほか二百両、瀬尻伊太夫五十両、平松万三郎四十両となっている。

林代官は、のちに篤志家《とくしか》たちのこうした志をくみ取って、災害ばかりでなく平常時の救荒にも備えるべく、恵済倉《けいさいそう》という貯穀倉の設立を発案、幕府に提議している。これは、この地震災害を教訓として彼が考案したものだった。

貯穀庫―恵済倉

江戸期には、いわゆる寛政の改革を機に、寛政二年（一七九〇）以降、救荒対策として各地に郷倉《ごうくら》を設置し、穀物を蓄えることが義務づけられており、ここ中泉も陣屋の付帯施設として、この倉庫が設置されていた。ところがこのたびの地震によって、その蓄えの米三千六百二十石が、わずか一ヵ月分の救済で払底《ふってい》してしまった。そこで、当時、三・遠二州の人口十万五千五百人のうち、三分の二の七万三百人を救済対象と想定して、たび重なる凶災に恒久的な対策を講じようとしたのである。その実現のために、まず彼自身が私財のうちから百三十余両を出したところ、民間から麦百五十石・粟《あわ》百二十石・稗《ひえ》二千七百七十八石の拠出を得た。これらを米八百二十九石に替えて貯穀すると同時に、それを富民へ貸し出し、一石につき一斗の利息を取って元本とこの利息米を蓄積し、永続的に救援米として運用しようという策を立てた。十五年後の完成を目指し、完成時には地震災害時の夫食米も完済されるので、それを含め六千七百七十石を備蓄するとした。また、それまでの間の緊急時の対応までも想定している。

この案は彼の柴橋転任のため、在任中は完成しなかったが、後任の各代官に引き継がれ、貯米はやがて貯金となって明治に至り、この町の基本財産となる。維新後、地元ではこの資金をもととし、中泉陣屋の跡地と遺構を利用して、中泉学校を設立したという。鶴梁はこの救荒策について述べた「恵済倉記」を当地を離れる安政五年（一八五八）五月に著し、『鶴梁文鈔《かくりようぶんしよう》』に収めた。

ところで地震は翌安政二年になっても続き、六月一日には「夜、大地震」とあり、また、毎年秋に恒例の検見かたがた天竜・大井の二大河が起こした大洪水の被害見分に巡回中の九月二十八日、天竜川西岸の村々での作業を終え、対岸に渡ろうとしたときに体験した地震の恐怖を、次のように記している。

天竜川西縁国吉《くによし》村へ罷《まか》り越し、同所より乗船いたし、もっとも未だ下供乗船前のところ、にわかに山鳴り、川動き、高波押し寄せ、地面割れ裂き、一同大声大騒ぎ、取り

あえず先ず舟より飛び出し、しばらく同所堤上にて見合せおり、なお乗船、川を渡り、
　森下村へ着。

この地震についての記録はほかに見当たらないが、記述からすればかなり大きな規模のものだったようで、文面から彼自身や人々の驚愕・狼狽ぶりをうかがうことができる。

そしてこの四日後、十月二日には有名な安政の江戸地震が起きる。マグニチュードは東海大地震に劣る六・九ながら、家屋倒壊と地震火災で一万四千戸が焼失し、七千人の死者を出した。鶴梁の盟友藤田東湖もこの地震によって落命したのである。この間わずか一年ほどの間に、日本列島中部の太平洋沿岸はそれぞれ被災地こそ違え、三度の巨大地震に見舞われたことになる。日記には、この大地震以後安政二年末までに十二ヵ所に地震の記述がある。またこの後も、安政三年から元治元年（一八六四）までの九年間というもの、東北地方から中部・中国地方にかけ、記録にとどまるだけでも、七回もの地震・津波による大きな災害が続いた（宇佐美、前掲書）。

大洪水

東海地方を大地震が襲った翌年、安政二年（一八五五）七月二十七日の午刻、東海道筋の天竜川池田村渡船方から次のような届け出があった。

天竜川の儀、昨二十六日、終日東風にて大風雨、夜に南風に相まわり、大嵐に相成り候に付き、出水に及び、未だ大雨、追々水相増し、満水仕《つかまつ》り候間、今二十七日卯《う》下

刻より、上下とも御状箱ならびに諸往来・渡船差し止め申し候。これにより恐れながら書き付をもって御注進申し上げ奉り候。

この前日二十六日は明け方からの激しい風雨で、一日中止むこともなく荒れ続き、夜になると風が南に変わって、いっそう強い雨と風が襲って来た。午後十時過ぎからは眠ることもできず、起きて坐っているうちに雨漏りが始まり、壁がはがれ落ちる始末となった。伊太郎はついにひと晩中一睡もできず、そのまま夜明けを待った。翌二十七日、この届け出を受けた日も、明け方から一段と激しさを増していた。

この暴風雨で増水した天竜川が、池田村七蔵新田の堤を切って洪水となったのである。林代官は堤切れの報に接するや、ただちに元締の池田泰蔵ほか五人の供を従えて、みずから実地見分に出発した。ところが、陣屋から短い坂を下って一丁ほど先から冠水のため「水、股を没し候」という有様で、それでも何とか一、二丁も進んだところへ幸い迎えの舟が来たので、それに乗って水に浸った村々を廻って池田村へ達することができた。村役人宅で窮民の取り調べを命じ、別の手代から堤の崩壊箇所を聞き届けたあと、再び乗船して陣屋へ帰る。翌二十八日、冠水した七蔵新田ほか五ヵ村へ「窮民、出水につき壱人へ白米一日二合ずつ、女子供半減をもって五日分、米にて遣わし候」ように手配した。また、下流域の駒場・草崎・掛塚村へ手付を派遣、飲み水の水樽と白米を舟に載せて運び、窮民に支給させた。そのほか鶴見村ほか八ヵ村、太田川・原ノ谷川出水による四ヵ村へも窮民の調査を命じている。

八月に入ると早速、江戸の勘定所へこのたびの水災の届けを出し、また、配下の手代を諸方へ取り調べに放ち、みずからも今度は管内東部大井川流域の水難村々の見分に出た。出水の被害があった大井川河口の飯淵村・同新田村から川尻村まで廻村し、川筋・街道筋村々の田畑の状況を見、前同様、家屋流失者や窮民への手当てを手切りで施し、五日後の八月六日いったん帰陣する。九日には再び天竜川下流の村々の実地見分に出、天竜川を下って堤の切れたところを調べ、河口の掛塚村で急の食料支給と流家・潰家へ手切り二朱と篤志家の寄金利子積立から二朱、ここではとくに溺死人の妻へ二朱渡した。翌日も乗船して川を遡り、被災村々を廻り、同様の手当てをして帰陣している。

続いて同月二十日、またもや朝からの烈風の中を、浜名湖河口付近、遠州灘沿岸の村々見分に出立したが、東海道天竜川対岸の安間村からは雨も加わって前回七月同様の暴風雨となり、遠州灘沿岸の篠原村まで来たところで、見分はもちろん、進むことさえできず、この夜、目の前の防潮堤を越える高潮が今にも堤を壊すばかりのところ、村人たちが必死で防ぎ、辛うじてそれを守り抜くさまを見、それでも陸地に打ち込む海水が、この夜の宿喜兵衛宅を越えて五、六丁（五、六百㍍）までにも及んだことを書き留めている。翌日は早速、この篠原ほか四ヵ村の潰れ家一軒につき手切り二朱と篤志家の寄金利子から二朱、窮民には小屋掛料三分ずつ、当面の食料三十日分の給付を決め、帰路は舟を使いまた徒渉しながら浜松宿まで来て一泊、翌二十二日帰陣した。そして、この翌月五日には、管内遠州・三州全域の巡見と検見《けみ》に出立することになる。

日本中の河川は現代ですら毎年のようにどこかしらが氾濫し、流域に大きな災害をもたらしている。まして土木技術の未発達な江戸時代には、毎度各地におびただしい出水災害を起こし、そのたびごとに、多くの家屋財産と田畑・人命を奪い続けていた。幕府も各藩もこの対策と救済に腐心していたことは事実だが、現実には永原慶二氏による富士山宝永噴火災害研究（『富士山宝永大爆発』集英社新書、二〇〇二年）でも分かるように、巨額な復旧工事費のほとんどが政商の請負事業に流れ、ありきたりの杜撰《ずさん》な工事の結果、いっこうに被害防止の効を挙げないという例が多かったのだろう。そうした中で遠州に「暴れ天竜」（天竜川）と大井川の二つの大河、三州に吉田川と矢矧《やはぎ》川の二河を管内に抱えた中泉代官所は、災害の起こるたびに、もっぱら被害者の救済に当たらねばならなかった。ここで、この時期の日記記事を通して林代官の動きを見ると、代官自身の迅速、また積極的な活動ぶりと、配下の手付・手代への行き届いた指示ぶりをうかがうことができる。とくに手切りの即決支援、江戸への届け出と被害復旧への働きかけは目覚ましく、その結果、後日、上司勘定奉行で、当時諸国川普請取締り取扱いの任にあった旧知の川路聖謨《かわじとしあきら》から直接、「地震・水災等に付き、取計らい行届き候段」褒詞《ほうし》を受けることとなる。幕吏といっても最下級の身分出身でありながら、みずからの学識や信念と人間関係をもって、一同心の身から代官にまで出世したこの人の、誠実で行動的な性格がうかがい知られる。

代官の地位は、基本的に百五十俵という役高の示すとおり、幕府の機構の中ではけっして高いものではなく、しかも羽倉外記《はぐらげき》(簡堂《かんどう》)・江川英竜《えがわひでたつ》(坦庵)・岡本忠次郎(花亭)など、ごく少数の例外を除いて、一生この職で終わる例が多かった。しかし伊太郎の場合は、この中泉と羽州柴橋《しばはし》の八年を勤め上げたあと、御納戸頭《おなんどがしら》、同和宮付き(七百石)へと昇進を遂げている。これは彼の人脈によることはもちろんとしても、この代官在職時代の治民の実績を買われたものと思われる。

鶴梁はのち「四河記」を著し、天竜・大井・矢矧・吉田の四大河の性質が同じではなく、とくに遠州の二大河が水浅く流れが急で、少しの増水でも橋や堤防を壊し、ひとたび堤防が決壊して洪水となると、流域数十ヵ村の田畑と民が被害を被ること、このような災害が年に数回、あるいは数年に一度起こることを記している。嘉永六年(一八五三)代官を命じられたとき、先に浜松藩主水野忠邦に仕えた慊堂《こうどう》同門の友、塩谷宕陰《しおのやとういん》から、この激しい水害のために天竜川流域の民風が「険悪」で、この地を治めるのは容易でないと聞かされていたが、それが事実であったことを述べ、人々の心性は、その生活する土地の風土によって変わるものだからその地を治める者は、この点に心をとどめなければいけない、と結んでいる。六年間の現地実務経験をもとにした記述だが、この二州の川の異なる特徴を短文ながらよく描き出していて、これも『鶴梁文鈔』の中に見ることができる。

奥州寒河江の代官

寒河江へ転任

林伊太郎の遠州中泉代官としての任期五年間は、東海大地震などたび重なる災害の救援、分一《ぶいち》騒動、また、管内の治安対策や民政の安定などに追われる日々であった。そして安政五年（一八五八）三月、遠州中泉から羽州柴橋《しばはし》（山形県寒河江《さがえ》市）へ任地替えとなる。後任今川要作との事務引継ほかの諸手続、領内の村役人たちとの別離を遂げ、江戸に帰る旅に出たのは、同年五月三十日であった。日記はこの帰府の旅立ちの記事をもって中断し、以後一年七ヵ月の間が空白となっているので、新しい任地に関する安政五、六年分の職務の状況については知ることができない。ただし、著作集『鶴梁文鈔《かくりょうぶんしょう》』に載る二編の文章、その「四得録」が安政五年、「米沢紀行」が安政六年、それぞれ検見《けみ》廻村のために現地へ出張した際の事柄を記述したものなので、文章として多少の粉飾は施されているとしても、わずかながら参考にすることができる。

柴橋代官は、出羽国村山郡三十六万石のうち、約七万石を占める幕領を支配した。陣屋は、酒田から日本海に注ぐ最上川上流の現寒河江市西部にあり、月山《がっさん》と湯殿山《ゆどのさん》の間を抜けて鶴岡へ達する六十里越《ろくじゅうりごえ》街道に近かった。江戸からは、米沢経由で約三四〇キロ、九泊十日の行程であった。柴橋からはわずか三キロほどしか離れない寒河江に出張陣屋、最上川の要港大石田に船改《ふなあらため》番所があった。また、江戸および現地にあって代官の手足となり、職務を遂行する属吏は、江戸役所元締松沢繁右衛門（中泉から継続）以下手付《てつき》・手代《てだい》をそれぞれの役所・陣屋・番所に配置した。初年度は総勢二十六人を擁していたが、次第に規模を縮小し、四年目の文久元年（一八六一）には十七名に減らしている。

現存する万延元年（一八六〇）と文久元年の日記の記事から、伊太郎は柴橋代官在任中、年一回、八月末から九月へかけての検見出張以外は、江戸役所とする麻布谷町の私宅に在勤していたことが分かる。現地での平常業務は、前記陣屋・番所常駐の代官手付・手代に任せ、御用状の往復のみによっている。柴橋代官管轄領村山郡は、全体が田畑山林といった純農村地帯であって、前任地中泉のように管内に主街道を通すこともなく、そのため治安上の問題は少なかったらしい。したがって日記にはそうした事件に関する記事は見当たらず、代官自身の江戸役所での執務と、年一度の検見廻村のための出張、その往復の旅に

図７　柴橋代官陣屋跡（寒河江市柴橋）

関する記事ばかりである。
初年度、安政五年の検見は八月二十九日から行われ、おそらくその終了後、九月十三日と十四日にかけ、管内の幸生《さちう》銅山の見分に出向いた。前述の「四得録」は、この折のことについて記されたもので、これについては別項で述べる。
また翌六年は、八月に江戸を立ち、会津領を経て任地へ向かった。当時、江戸から出羽の国へ行くのには、通常三つの経路があった。一は、福島から桑折《こおり》まで進んで秋田道に入り、渡瀬《わたらせ》・関・湯原から金山《かねやま》峠を越え、上山《かみのやま》に出る山中路（七ケ《しちが》宿《しゅく》街道）を取るもの。二は、奥州街道を福島から西へ取り、笹木野・庭坂・山道にかかって板谷《いたや》峠に登り、米沢城下へ出て、山形から寒河江へ向かう道。三は、白川から勢至堂《せいしどう》峠、あるいは本宮から中山峠を越え会津若松に入り、さらに檜原《ひばら》峠を越えて米沢に出る道筋である。このうち二と三は捷路《しょうろ》ではあるがいずれも険しい峠越えがあって難路となるため、大名の参勤交代や一般の旅人は、大きく迂回するので距離は長くなるが、比較的緩やかな、一の山中路を通ったものである。ところが、この安政六年次の検見の際、代官林伊太郎は、三の会津経由の道を選んでいる。そして、この往路の旅を「米沢紀行」という文に著し、著作集『鶴梁文鈔』に収めた。

米沢藩は、いうまでもなく十八世紀末にかけ、上杉治憲《うえすぎはるのり》（鷹山《ようざん》）の徹底した倹約・殖産政策が成功を収め、東北の雄藩とまでになったことで名高い。その治世下にあった天明三年（一七八三）、さらにその後の天保四、七、九年と続いて起きた大飢饉にも餓死者を出すことがなかったという。伊太郎の柴橋在任当時もその政策は継承され、藩主斉憲《なりのり》のもとで、国内の風俗もよく、安定した内政が営まれていた。かねてから領内の民政に力を入れていた伊太郎は、この米沢藩の実情には関心を抱いていたのである。

彼は前年、初めての任地見分に際しても、この米沢を通り、聞き及んだ藩政の実情の一端を目にしていた。そしてこの年安政六年は九月二日、会津を経、国境の檜原峠を下って、再び米沢領に入った。峠上で米沢藩士の出迎えを受け、山水の絶景に目を奪われながら麓に達し、その夜、米沢城下に着く。領内は耕地が広がり、城下には漆《うるし》・桑・麻そのほか物産が溢れて、商家が軒を列ね、「隠然一大都会」の観があるにもかかわらず、士民がだれもみな綿服を身につけ、飾りのない粗末な家に住んでいることに驚くと同時に、鷹山の布《し》いた善政を思い、それがなお、藩内の人々に受け継がれていることを改めて知った。

翌三日は七月二十四日の暴風雨で起きた洪水の跡も生々しい水田を望見し、一万石の被害に泣く農民を思いやりながら、赤湯《あかゆ》温泉・小岩沢を過ぎ、国境の中山宿に着く。

ここまでの道筋、田畑がよく開かれて農民が豊かに暮らし、一軒の「廃宅」もなく、「水碓《みずうす》（水車）」を禁じているので米の精白がなされず、節倹の美風が今に行き届いているさまを見ている。また、赤湯で見た絹衣をまとう人々が温泉客に限ったこと、宿駅ごとに一軒の「妓館《ぎかん》」もなく、「娼妓《しょうぎ》の蓄え」もないことをも特筆している。当時、主街道筋の宿場は大方の旅籠《はたご》に飯盛女《めしもりおんな》を置いたので、旅人ばかりでなく、これを目当てに近在の農民たちも集まって、自然と民間の気風も緩みがちになると同時に、治安の悪化の原因をなしていた。以上この紀行文は、こうした米沢藩管内の宿村を通行して、直接目にした藩内の美風を主として書きまとめたものである。

この米沢領からは八〇キロ余、幕領村山郡一帯にもこの節倹の風俗は行き渡り、流域の沃野は古来有名な紅花《べにばな》をはじめ稲作も盛んで、それにしては治安もよく、代官の行政も前任地の中泉に比べればはるかに容易だったはずである。

新任地での仕事

翌万延元年（一八六〇）の廻村については、日記にその概略を記している。八月二十三日に江戸を出立、この年はおそらく初めて前記一の経路、桑折から白石川沿いに大きく迂回、湯原宿を経て金山峠を越え、米沢を通らずに直接上山《かみのやま》に出る山中道を踏んだ。九月二日上山宿着、宿役人・町奉行に、寒河江詰め手付只木栄太郎と村名主らの出迎えを受ける。なお、この宿手前で領内山口村小前《こまえ》百姓の駕籠《かご》訴《そ》があり、訴状を受け取って本人を宿まで引き連れたところ、宿入り口で逃走してしまった。翌日から最上川右岸の長崎村を手はじめに、以後二十一日まで、配下と手分けをして各村ごとに坪刈り、春法《ついほう》と、恒例によって検見を進めて廻る。この間、同時に幸生銅山見分、年貢増徴の談判、役所の諸事務処理など、多忙な日程を消化し、その日々を日記に書き留めている。その中に次の記事がある。

十九日　己酉　朝半晴半曇

一市郎兵衛・四郎兵衛・八之助より、支配所御廻米の分は御所払いに取り計らい、別段仙台において皆買米の上、石巻《いしのまき》にて積み出し候仕法帳相認め、差し出し候を、新三郎（青津新三郎、柴橋手付）差し出し、もっとも三人召し連れ参り候趣ゆえ面談。

当時この辺一帯では、年貢米は特産の紅花も同様に、最上川の水運をもって酒田湊へ運び下し、そこからは西廻りの瀬戸内海経由大坂か、東廻りの津軽海峡経由江戸へ向け、船積みをするという慣習に従っていた。しかし、西廻りは本州沿岸を半周、東廻りは津軽海峡の難所を廻るこれらの経路は、距離もあって運送費用も嵩《かさ》み、リスクも大きかった。一方、太平洋側の仙台藩は、早くから石巻湊《いしのまきみなと》と江戸を結ぶ廻船の航路を開き、この当時には仙台藩ばかりでなく、北上川沿いの南部藩はじめ近郷諸領が、この航路を利用して、江戸へ米を廻送していた。ここに着目した領内代表名主三名が、年貢米を現物のまま運んで納めることをやめ、現地でいったん商人に売却し、その代金をもって仙台で再び米を買い取り、その米を江戸へ送ろうという目論見《もくろみ》を立てたというのである。当時、交通不便の地において、地域の負担を軽くするため、旧来の慣習を破って一つの改革を企てたことになる。この郷村による自発的な改革案の提議は、あるいはこれが初めてではなかったかも知れない。ともかく林代官はこの願い出を聞き取り、なかなかいい考えだがもっと詳しく調べ、書類にして差し出すように、江戸でもよく評議したうえで勘定所へ進達もし、骨を折ろうと約束した。

農村自体が、積極的に効率化と節倹の方策を案出して行政を動かそうとし、また代官も柔軟な態度でこれを受け入れ、協力を約束するという動きをここに見ることができる。名主たちは、この企てによほど力を入れていたと見え、二日後の九月二十一日、江戸へ帰る代官を上山まで見送りに来がてら面談を願い出、先に差し出した願書を何分《なにぶん》にも取り上げて欲しいと申し立てた。代官も本陣で彼らと面会し、その申し出をとくと聞いたうえで、尽力することを言い聞かせたところ、一同が大いに喜んだと記している。

なおこの二日前、十七日に次の記事がある。

丈助（佐藤姓、柴橋陣屋元締）へ勝手向き不如意の次第内話に及び候処、同人儀、かねてより申し上げ置き候三州以来頂戴物の分、取り集め、当時五十両に相成りおり候間、鋼三郎君御養子等の節は、御大（刀欠か）等の御足し合にも成し下され候よう仕りたく、かつ又ほかに百両、臨時の御入用とて備え置き、その段繁右衛門までは内々申し遣わし候儀にこれある間、御臨時等の節、御用しかるべき旨申し立て。誠に感泣《い》の次第なり。

代官所には、通行の大名などから受け取る挨拶金や、近隣領主などからの中元・歳暮といった「頂戴物」という文字どおりの余禄があった。これを「三州以来」というからには、中泉在任の八年前から貯蓄し、そのほか合わせて百五十両にまでなったものを、属僚の手《て》付《つき》が管理していたらしい。陣屋の夜話に伊太郎が暮らし向きの愚痴を漏らしたところ、この頼もしい申し出を聞き、「感泣」したというのである。当夜、思いがけない話を聞いた嬉しさに、こうして日記に書き留めたのだろう。

この年の廻村はこうしてすべてを終え、ほかに、検見を行った村々から不作時の救済に備えた置米願を受け取って、帰府の途についた。二十三日は金山峠を越え、関宿で泊、翌二十四日は

暁雪やまず。時々止みまた雪、終日かくの如し。ただし奥州街道は雨交じり、関宿発足の節は□り、提灯《ちょうちん》引け（提灯を消す頃）、雪、靡々《ひひ》下る。

晩秋とはいえ早くも雪みぞれの降りかかる奥州路を、次の福島宿までの路を急いだのである。なお、この置米願は、帰府後十一月末に置米伺として、勘定方に差し出している。

柴橋代官の現地廻村の記事は、翌文久元年（一八六一）九月十三日、柴橋陣屋において各村の名主と面談、扇子一対を土産として渡し、「勧農の儀取り計らうべき旨申し渡し」たところまで。現存の『林鶴梁日記』はこの記事をもって終わる。

幸生銅山

先にも述べたとおり、彼が当地柴橋・寒河江へ転任した初年度の安政五年（一八五八）と翌安政六年（一八五九）の日記が現存しないのでことの詳細は不明だが、この安政五年八、九月にかけて行った検見廻村の折、代官林伊太郎は命を受けてこの銅山の見分に出向いた。このときに受けた感慨を、後に「四得録」という文章を

もって書き表している。もちろん日記とは違い、すべて写実的な記録文とはいえないが、これを読むと、代官伊太郎の、奥羽山地の風光とその中にある銅山、そこに暮らす貧しい人々への思いの一端を知ることができる。

この年、安政五年の八月二十九日に現地に着いた彼は、領内の検見を無事終了した後、九月十三日に、属吏三名とほかに十数名の供連れで初めて幸生《さちう》を訪れた。幸生村は、今、山形県寒河江市、寒河江川の支流熊野《ゆうの》川の渓谷を、街道筋の宮内という村落から約四キロほど遡った山間の地で、村は天保十年（一八三九）当時、五十三戸、六百六十八人、耕作の条件は悪く、石高は六百余石だが、村民はおもに山仕事と銅山の働きで生計を立てていた。銅山はさらにここから八キロほど上流に入ったところにあった。銅山の開闢《かいびやく》は天和二年（一六八二）と古く、さらに文政四年（一八二一）に新しい鉱脈が発見され、幕府の直轄運営するところとなった。ところが、下流の村の鉱毒問題もあり、久しい間、銅の産出は年間〇・六トン程度とはかばかしくなく、そこで幕府勘定所が、林伊太郎の代官転任と同時にその現地調査を命じたのである。折しも開港以来、対内外の軍備増強に当たり欠くことのできない鉱物について、直轄領内諸鉱山での産出状況を把握しようとしたものであろう。以下、「四得録」の文章によって、このときの見分の様子を追って見たい。

林代官はこのとき、あまり期待の持てそうもない銅の採掘見分はともかくとして、いかにも彼らしく、「奥羽山水の奇を探」るのを楽しみに、早くも冠雪を見た晩秋の熊野川渓谷に踏み込んだ。するとそこは彼の期待に違《たが》わず、渓谷の左右には嶮《けわ》しい「乱山・石壁」がそびえ立ち、渓流は清冽、深い淵には澄んだ水を湛《たた》えるという景観に目を奪われた。加えて新雪を粧った樹林が「玉樹瓊林《ぎょくじゅけいりん》」、美しい宝玉の木、林と見えたとき、「驚喜して狂わんと欲す」と感じた、というのはあながち誇張とはいえまい。暖かい遠州の地に五たびの冬を過ごした後のこの新鮮な体験は、彼の胸を躍らせたはずである。この山道を、彼は駕籠から降りて杖を曳き、徒歩で登った。足元が危うく高低も激しい渓谷沿い道を、雪を手にすくっては喉を潤し、疲労困憊《ひろうこんばい》の体で坑口へ着く。

この当時、幸生銅山には二十六ヵ所の「敷《しき》」、すなわち坑道があったとしている。それぞれに稲荷山・大起平・高樋・本敷・仙太郎などの名称があり、その一つ栃木敷に、彼自身、供を引き連れ入ってみる。銅山の坑道はいずれも狭く、各自手に燭を持ち、「魚貫《ぎょかん》」一列となって、魚が岩の間に身をくねらせるように坑内に入る。ところが、滴る雫のため、灯りが消えてしまう。数百歩も行ったところで、全員の灯りが消え、文字どおり暗中模索となった。当時、こうした鉱山坑内の作業には、サザエの貝殻に油を入れ、灯心に火をともして灯りとしたらしい。このときは水滴で灯りが消えたというから、松の割木に紙を巻いて蠟を塗った手持ちの紙燭《しそく》か、蠟燭の類であったか。暗い足もとに苦労しながら、幾度もの高低・曲折を重ね、身心の疲労が極に達し、一同倒れんばかりとなったところで、さやかな地下水の流れに逢い休憩、ここでやっと生き返る思いを味わう。こうした繰り返しが続いてようやく採掘場に到着、鼻を打つ銅臭を嗅ぎ、坑壁に刻まれた斧の跡をつぶさに見る。坑夫に鉱石を採取させ、これを持たせて引き返す。表へ出るとそこは「積雪満山、寒威ことに甚だし」で、それに比べ「坑中温燠《おんおう》春の如し、亦《また》一奇なり」と偽らぬ実感を記している。坑外には汰銅所とよぶ小屋があり、籠《えぶ》に背負って運び出した鉱石をここに置く。女たちが鉱石を鉄槌《てつつい》（かなめ槌）で細かく砕き、竹盆・木盤（ゆり盆・ゆり板）に入れて水で洗って泥土を流す。こうした作業所を実見した。

こうして一日を過ごし、当夜は銅山の役人や坑夫たちが生活する現地の集落、「茅屋《ぼうおく》相連なって一小村落のごとき」ところへ行き、もと代官役所だった建物に一宿する。この小屋の北数十歩の近くには、洗って砕いた鉱石を釜に入れ、焼き上げて不純物を取り除く小屋（釜屋）、また、その粗銅をふいごで熾《おこ》した炭火で煮溶かして純銅を得る小屋（床屋）がある。それぞれに釜が六つ、炉が二つあった（器物・建物の名称は『日本山海名物図会』による）。

さて、ここで鶴梁は今日一日を振り返り、かつて遊んだ甲州昇仙峡《しょうせんきょう》の佳景を連想するが、彼処《かしこ》は江戸を隔たることわずかに三十里、今はそれをはるかに凌ぐこの辺境の地を踏んで、この絶景に逢う幸せを「まさに驚死せんとするのみ」と言葉を尽くして表す。しかもこの小屋の近く、石渓を嚙む激湍《げきたん》が飛瀑《ひばく》をなし、その上に橋が架かって樵夫《きこり》がわたるさまを、彼の愛した南画の景を眼前に見る興奮に駆られた筆致で書き留め、この小屋を営んだ先人の風雅を思いやっている。この、奇景を得たことが「四得」の一となっている。

その夜は、肌を刺す寒気に寝もやらずにいると、夜半突如轟然たる雨音を聞く。驚いて戸を開け外に出ると、

月色清朗、また一点の雨痕《うこん》もなし。ただ見る一条の飛泉《ひせん》、山巓《さんてん》より直下すること数百仭《じん》、庭除《ていじよ》より咫尺《しせき》の下に奔瀉《ほんしや》す。

(月は澄んで明るく、地上には一点の雨の痕もない。ただひと筋の滝が高い山の頂きから役所の庭に近い谷底へ、真っ直ぐにほとばしって落ちるのが見えるばかり。)

という光景が展開していた。このときばかりは寒さも忘れ、庭中を歩き廻って一人感動に浸る。折しも九月十三夜、寛平《かんぴよう》の昔、菅丞相菅原道真《かんしようじようすがわらのみちざね》の故事を思い、さらに新雪の奇を添えて、この佳景におのれを巡り逢わせた造物主に感謝を捧げたと述べ、この佳日を得たことを「四得」の二とした。

翌日は往路を引き返す。途中路傍に清水が奔出しているところで、浅黒い色の堅い石を見つけ、そのいくつかを拾って持ち帰った。図面を示して職人にこの石を彫らせ、硯とし

た、とある。

銅山の再興

帰府後、早速上司にこの見分を報告しただろうが、その辺の事情は、この記述には省かれていて不明である。そして後日、おそらくは翌安政六年（一八五九）だろうか、この銅山の産銅実績の向上をみずから策し、それを実現した経過が、この文章の末尾に要約されている。

ここで、代官林伊太郎がまず念頭に置いたことは、幸生の山人らはもともと生業がなく、採銅をもってなりわいとしているので、銅が出なければ飢餓を免れない、という現実であった。先述のとおりこの幸生村は、その名にも似ず耕作に適した土地とはいえず、村人は、農業のほかに林業か鉱山での仕事に頼っていた。しかし、今は肝心の銅を掘り尽くしたと思いこみ、採掘に力を尽くそうとしない。ここに人々の労働意欲の衰えを見たのである。そこで、彼は一策を巡らせる。まず染め物職に命じて一枚の大きな布を赤く染め、そこに白く、「大直利」という三字を抜き出させた。また白い小片三百枚に青色で同じ三字を染め出させた。字は「おおなおり」と読む。この言葉は、彼ら坑夫たちが日頃坑道の入り口に祀ってある山神の前で、銅がまた昔のようにたくさん採れるよう祈るときに口にする方言だとしている。さて、この赤い大きな布は、竿を通して幟《のぼり》として山中に立て、小片は手巾として、銘々頭に被るよう命じた。今、『日本山海名物図会』などを見ると、鉱山で働

図８　手ぬぐいを被る鉱山労働者
（『日本山海名物図会』一より）

く職人たちが手ぬぐいで頭の上を覆い、額で折り結んで、ちょうど「米屋冠《かぶ》り」といわれたやり方に似た被り方をしている様子が見える。これは精米作業のときに出る埃《ほこり》を避けるための被り方なので、おそらく彼らも、坑内で採掘作業中に降りかかる土砂を避けるために同様な被り方をしたのだろう。代官はあらかじめこの二種の布を用意した後、坑夫らに酒肉を振る舞ったうえで、「この酒を飲み肉を食べ、この青巾を被り、赤幟を立て、奮起してこの山に力を尽くせ。そうすれば大直利を手に入れるだろう」と号令したところ、坑夫たちは大いに感動・奮励して、わずか十五日の間に二千九百五十斤（約一・八トン）の銅の採掘に成功した、と述べている。これを「四得」の三とし、この意外な成果に坑夫らはみな額に手を当てて大いに喜び、「これは御代官様と山神の賜ものだ」といったという。このように山の民の喜びを得たことを「四得」の四としたのである。この四得を「皆意外の幸なり」としてみずからの喜びと感じ、とくにこの内の後の二つを格別な喜びとした。

ここで注意すべきは、彼がこの銅増産の成果について、国家の宝を得て幕府中央の施策に貢献したことはさておき、その中央からはほど遠い、幸生という東北地方奥地山間の一山村に暮らす人々をみずからの工夫で奮起させて「歓心」をもたらした成果にとくに意を得ていることである。こうした代官としての牧民思想は、孔孟《こうもう》の教えを実地に体現しようとする儒家ならではのものであろう。彼は前任の遠州中泉にあっても同様の思想をもって民政に当たり、それなりの成果を得てきた。その実績と自信が、この奥羽山間の村にあっても、彼にこうした奇策を実行させることとなったに違いない。江戸後期には、儒家出身、あるいはその思想を民政の軸として活躍し、成功した何人かの代官がいる。伊太郎と前後しては、羽倉外記《はぐらげき》・江川英竜《えがわひでたつ》・荒井顕道《あらいあきみち》など数人を挙げることができる。政治の大局から見ればまことにささやかな成果に過ぎないとはいえようが、政権維持の末期に至って、国内の要所を占める直轄領の民政を安定させるためにこうした人材を配置し活動をさせた、寛政期以後における幕府地方行政の特徴の一つがうかがえる。

万延元年九月十一日　小雨、忽《たちま》ち止む。午前より晴　辛丑白岩にて酒二樽相求め、三斗なり。銅山へ遣わす。
一朝四つ時過ぎ白岩出立。幸生村弁当、栃木敷向かいの小屋より松明《たいまつ》にて銅山着なり。
一宿、この夜月明、寒甚だし。後山へ一昨夜雪降るという。

「四得録」から二年後のこの日、代官林伊太郎は、管内検見の途次、六十里越街道沿いの白岩村（山形県寒河江市白岩）から、幸生銅山へ向かった。出発は午前十時、途中幸生村で弁当を使い、栃木敷という坑口前の小屋からは松明の明かりで銅山へ到着した。晩秋とはいえ寒気すでに厳しい山間の銅山役所に一宿して帰り、当年の銅山見分は翌九月十二日をもって終了した。代官所へ帰陣後、調べ物を点検、民間の世話人頭取らしき人物に会って督励の言葉をかけ、彼らからは、自分たちも大いに工夫して銅山の振興に努力したいという答えを聞き届けている。

これより前、この年四月に、彼は勘定所へ銅山拝借金二千五百両五ヵ年賦の貸付を申請してあった。根拠は不明だが、産銅の将来性を見込み、施設などの拡充を企てたものか。この申請に対し、同年十二月初め、予算不足を理由に当面千両二ヵ年賦と査定を受け、残りは五百両ずつ三年間に分けて貸付という条件が内示された。それも、代官が「精々仰せ立てられ候儀につき」と言う努力を買われてのことであった。この初度貸付金千両は、翌文久元年（一八六一）二月に交付されている。また、この年の検見は、九月五日から行われているが、残念なことに日記はその途中の十四日で中断されており、銅山の見分があったかどうかは分からない。

以上、銅山に関する日記の記事はごく限られていて、施策の内容を知るに足りない。しかし、この「四得録」の方は、晩秋の渓谷の叙景文に加えて、鉱山の探訪、そこに働く山の民との交流という、ほかに例を見ない単なる紀行文を越えた独特な文章となっている。筆者は跋文に替え、彼としては珍しいことに、和歌を一首添えた。原本では万葉仮名風に漢字を用いているが、仮にこれを読み替えてみると次のような歌となる。

かきつめて心の奥は出羽《いでは》なる幸生の山の月のみぞ知る

（さまざまな思いが去来する私の心の底はこの出羽の国の山の月だけが知っている）

「奥」はいうまでもなく、心の奥底と奥州の両義を兼ねた掛詞《かけことば》の技法。その「心の奥」がどのようなものであったか。この文がもし安政六年に著されたとすれば、それは安政の大獄の嵐のさなかということになる。後に述べるように、この大獄では鶴梁が長年親しんだ水戸藩内外の盟友知人たち、あるいは幕府内部の下級ながら有能な知友らが次々と逮捕、左遷、あるいは追放されつつあった。彼とて決して穏やかならぬ心境であったはずである。幸生ではそれなりの成果を挙げる喜びを味わいもしたとはいえ、その心の奥は、まさに「月」のほかのだれに知られようもなく、また知られては危ういという時勢であった。

図９　明治時代の幸生銅山（安達峰一郎博士生家所蔵）

図10　銅山橋の標柱（寒河江市幸生所在）

また、この文章には、塩谷宕陰《しおのやとういん》・安積艮斎《あさかごんさい》・森田節斎《せっさい》の三人が批評と跋文を寄せている。安政七年（万延元年）二月、鶴梁は、本文にこの艮斎評を付したものを佐賀侯鍋島斉正に示しているので、この文章が少なくともそれ以前に完成していたことは間違いない。なお、森田節斎は、斉藤拙堂《せつどう》の名著『月瀬遊記《げつらいゆうき》（梅谿遊記《ばいけいゆうき》）』と比べ、「この篇、その上に出ずることただに数十等のみにあらざるなり」とべた褒めをしている。鶴梁はこの文章を佐賀侯ばかりでなく、長年の間親密な関係にある伊沢美作守《みまさか》や水野筑後守といった有力な幕臣、そのほかの知人に貸して読ませている。鶴梁としては、ここに記したみずからの施策を含め、この作品をよほどの自信作としていたのであろう。のち、『鶴梁文鈔』巻八にこれを付載した。

なお、幸生銅山はその後も銅の産出を続け、維新後これよりさらに奥の永松鉱山とともにいったん官有となり、明治七年（一八七四）小野組に払い下げられ、同九年から古河鉱業へ委託、明治二十四年にその所有となった。以後は昭和三十六年（一九六一）に閉山されるまで、足尾・別子《べっし》などわが国を代表する銅山の一つとして繁栄した。当時は小学校まであって、住宅や諸施設がそろっていたそうだが、今はその跡形もなく草木の生い茂るにまかせ、その草むらの中に沈殿池と石仏、路傍には墓石を残し、また、熊野川の渓流にかかる橋に銅山橋と名をとどめるばかりとなっている。

時代の波

幕末史の影

攘夷運動に関わる

再び遡って嘉永二年（一八四九）五月十八日、水戸藩士日下部《くさかべ》伊三次《いそうじ》が、当時新番の職にあった鶴梁《かくりよう》のもとを訪れ、同藩もと祐筆《ゆうひつ》高橋多一郎からの書状を届けた。その手紙と添えられた詩を一覧したところ、その手紙には駒込老公（徳川斉昭《とくがわなりあき》）が鶴梁の文章をご覧になりたいので、多一郎まで差し出すようにとお命じになったと書いてあった。

早速同月二十五日、鶴梁は多一郎への返書と詩六幀に添えて老公に奉る「文詩一冊」をまとめ上げて届けた。これが鶴梁の斉昭との関わりの端緒となる。なおこのとき、高橋は甲辰《こうしん》の変（弘化元年、一八四四）によって謹慎の処分を受けた斉昭の冤罪《えんざい》を晴らす運動に関わって禁固の身だった。

斉昭についてはこのあと嘉永五年十二月十四日の記事中に、次のような記述がある。

　平野正太郎より手紙添え、一封来《きた》るにつき、直答遣わし置き開封の処、厳伝・栢花・宗元連名二書添え、老公御登営につき、右周旋《しゅうせん》いたし候礼とて銀七枚一封来る。外に八兵衛より三通、東湖より二通、外に老公御書一通、即日答認め、右銀七枚落手。

ひと月前の同年十一月十七日、斉昭が「いよいよ不時御登城の旨仰せ出され候」ということに関わって、このとき新御番にいた鶴梁が何かしら周旋の労をとったらしい。この不時登城の理由は不明で、しかも実現はしなかったようだが、ともかくこのたびはその折の礼銀と斉昭筆の書その他が、普段鶴梁家に出入りする平野正太郎（加藤木賞三）からの手紙を添えて届いたのである。この年八月にはオランダ商館長のドン・クルチュウスが風説書を幕府へ奉呈し、来年はアメリカ使節が来航して開国を要求するという予告をしたので、この不時登城もおのずと幕閣に攘夷海防を求めるものであったろうと思われる。斉昭は翌六年七月、海防問題の幕政参与に任じられた。この平野正太郎は常陸出身で、藤田東湖《ふじたとうこ》の門弟桜任蔵の影響下に水戸藩に近づき、井伊大老襲撃に関わった人物（メンバーには入らなかった）とされる。なおこの後、鶴梁は何度か老公の書を拝領している。

こうした幕府の一小吏に過ぎない林鶴梁と、御三家の一、水戸老公との関わりは、その友人藤田東湖を介したものである。鶴梁の東湖との出会いはこれより十七年遡って天保六

年（一八三五）だった。東湖の『見聞偶筆』天保十二年十月の記事に、
　林鉄蔵名は戇《とう》、字《あざな》は長孺《ちょうじゅ》、鶴梁と号す。江戸の人。乙未（天保六年）夏、彪《たけき》（東湖）と始めて会津藩士林甚右衛門がもとに相逢う。一見故（旧知）の如く知己と称す。歳また同じ。
とあって、この天保六年初対面のときから二人は意気投合するという間柄となっていた。しかも東湖は鶴梁に劣らぬ酒好きで、「喜べばすなわち白《さかずき》を挙げて快を称し、憂うればすなわち樽《さかだる》に対して懐《こころ》を慰む」（『庚寅日録』）という、こうしたところも二人には相通うところがあっただろう。このとき、東湖は江戸勤めの御用調役で鶴梁と同じ三十歳、折しも財政の逼迫した藩政の改革に取り組む藩主斉昭の側近として、幕府との交渉など多方面で活躍していた。またこの時期、藩主が抱いていた弘道館流の尊皇思想に基づく神道復興、天皇の陵墓修復への心願を実現に向けて補佐する役割を演じてもいる。鶴梁との最初の接点もこの尊皇思想にあると思われる。日記にはとくに出てこないが、鶴梁もまた終始、尊皇思想を奉じていたことは、『鶴梁文鈔』に載る文章の各所に王室尊崇の言葉が列ねてあるのを見ても分かる（「与佐嘉《さが》侯書」その他）。また、これも『鶴梁文鈔』中の「復滋野行康《しげのゆきやす》書」に、鶴梁がかねて高山彦九郎の日記・手書など数十余巻を、豊前《ぶぜん》に住む彦九郎の友、簗《やな》又七の縁者から手に入れ、感激のあまり夜も寝ずにこれを熟読し、彦九郎その人と対面

する思いがしたと述べている。その後、これを水戸の東湖と相良一雄に見せ、その感動を共にした相良の求めに応じて日記と手書を、残った彦九郎出郷の折の誓書一紙を東湖へ贈り、和歌一紙ばかりを手元にとどめた。のちにその和歌を、これも水戸藩士の大久保信弘に贈ったという。この大久保信弘（信之介）は、やがて天狗党に投じて各地を転戦し、越前敦賀において武田《たけだ》耕雲斎《こううんさい》以下同志三百五十一人とともに刑死することとなる。

　東湖と鶴梁の親交は、以後、東湖の亡くなるまで二十年の長きにわたって続く。弘化元年、東湖もまた甲辰の変に連座し、以後蟄居《ちつきょ》謹慎、致仕《ちし》謹慎・遠慮の生活が八年も続くが、この間にも書簡の往復は絶えることなく続き、また日記には、窮迫した東湖の生活を助けるため、十人の同志とともに一人が一ヵ年一両の援助をするという記事もある。

図11　藤田東湖画像

　嘉永五年ようやく謹慎・遠慮が解けて翌六年七月九日に出府し、二日後の十一日、中泉代官として江戸を離れる鶴梁の久々の訪問を受けるが、これが二人の相逢う最後の機会となる。東湖はこの二年後の安政の江戸大地震で落命してしまう。ところがこの知らせを鶴梁がいつ受けたか、そのとき彼がどういう感慨を抱いたかについては、なぜか日記には記述がない。その後、慶応三年、鶴梁は著作集『鶴梁文鈔』十巻四冊を板行するに当たり、東湖の墨跡をそのまま題字として巻頭に掲げ、その友誼の記念とした。また、集中に「答藤田斌卿《ひんけい》書」「東湖文鈔序」「東湖詩鈔序」の文を載せている。

鶴梁はこの東湖との縁をもって水戸藩改革派の有志たちと深い関係を持つようになったものと見られる。これには弘道館教授頭取の会沢《あいざわ》恒蔵（正志斎《せいしさい》）をはじめとして、先に挙げた高橋多一郎・平野正太郎、原田兵助・八兵衛父子、桜任蔵、日下部伊三次のほかにも桑原幾太郎・吉成恒次郎・竹内魁九郎など数多くの人々がいる。なかでも村越芳太郎名の桜任蔵と日下部伊三次の二人は、日記の初めから足繁く鶴梁宅を訪れ、あるいは手紙のやりとりを続け、水戸藩有志との連絡役として名をとどめている。この二人と鶴梁との間に師弟関係があったのではないかとする向きもあるが、日記を見る限りでは分からない。村越は東湖の門人で、師や高橋らとともに斉昭の雪冤《せつえん》運動に従い、その恩寵を受けていた。のち西郷隆盛《さいごうたかもり》や吉田松陰《よしだしょういん》らとつながりを持ち、攘夷運動に身を投ずる。日下部もまたのちに薩摩藩へ移籍するが、なお斉昭の腹心として活躍し、そのために安政の大獄の犠牲となって終わる。

斉昭に始まる水戸の尊皇攘夷運動は、やがて将軍継嗣問題と絡み合いながら幕末へ向け次第に激化し、先鋭化していく。安政の大獄も桜田門外の変も天狗党争乱もこうした流れの中で起こり、その主立ったメンバーの中の何人かが、上述のように深浅それぞれの形で鶴梁と関わりを持ったことになる。しかし、その時期の日記はなぜか残されておらず、鶴梁がこうした事件にどのような関わりを持ったかは、今のところ何も分からない。しかし、その関わり方については、幕臣として鶴梁一流の距離を置いたらしいということが、その累の一つとして彼自身に及んだ形跡がないことから推察される。

嘉永二年十月、鶴梁は佐賀侯鍋島斉正《なべしまなりまさ》（閑叟《かんそう》）に、かねてから交わりを結んでいた藩の近習目付、原田小四郎葭涯《かがい》を通じて初めて謁した。

佐賀藩主鍋島斉正は、早くから藩内の優れた人材を登用して領内土地政策や殖産政策を振興し、高島炭坑の開発を行うなど藩政の改革、財政の強化に実績を挙げた。また、西欧の知識・技術の導入を盛んに行い、この翌年嘉永三年には反射炉を築造して海岸防備の対策を積極的に進めるなど富国強兵に熱心で、この時期、徳川斉昭と並んで攘夷派の先頭に立つ藩主だった。のち幕末には開明派雄藩の大名として、公武合体運動の主導的な役割を演じ、維新後も上院議長や開拓使長官を勤める。このときはまだ三十六歳の若さであった。佐賀侯は肩衣《かたぎぬ》姿で鶴梁を迎え、初謁の挨拶のあと、左右の近臣をみな退けて二人だけで対

図12　鍋島斉正肖像

話、午後から黄昏時《たそがれどき》に至ったとある。二十俵二人扶持という幕府の小吏鶴梁と、佐賀三十五万七千石の藩主との間でどのような話が交わされたのだろうか。日記には例のとおりこのときの話題に触れていないが、身分のあまりに違い過ぎるこの二人を結び付ける接点は攘夷一点のほかにはないから、ここでも当面の海防策について胸襟《きょうきん》を開いての対話がなされたことは間違いない。鶴梁はこの後も何度か直接面談の機会を得て昵懇《じっこん》の待遇を受けており、侯の頼みを上司に取り次いだりしている。

嘉永三年二月に浦賀奉行浅《あさ》野《の》長祚《ながよし》（梅堂）が任地浦賀へ出立するのに先立ち、二人連れ立って鍋島邸を訪問した。このときは藩主斉正のもとで昼過ぎから四つ、午後十時まで「激談」した後、三人でそれぞれ自作の詩を認め合い、酒肴の饗応を受けた。このとき井《い》伊《い》直弼《なおすけ》（当時玄蕃頭《げんばのかみ》）についての「密話」が話題に上ったという。同年日記の冒頭には、この三月上旬遠州白須賀沖に蛮船が二艘見え、前年は津軽海峡を二十五隻も通過したという情報を記している。ペリー来航を三年後に控え、この席でも三者の間で、おそらく攘夷問題やこれに対処すべき幕府上層部の人事などが論じられたのだろう。斉正はこの後、嘉永六年ペリー初来航に際して幕府が諸大名へ下した諮問への答書にも、征夷大将軍の「征夷」の二字を挙げて、「断然御打ち払いに相決せられ、昇平偸惰《とうだ》（平和な世に怠けて暮らす）の士気を御一振、本来固有の義勇に御挽回遊ばされ、国家盤石《ばんじやく》の基を御固め遊ばされたき義と存じ奉り候事」という過激な上書を差し出した（『藤岡屋日記』）。

佐賀侯のこうした交誼に対し、鶴梁は「与佐嘉侯書」の一文を書いて、英明な侯が長崎の藩鎮にあってわが国を「万国の夷虜」から守る心強さを讃え、また、自分のような微臣と膝を接し心腹を開いて「経史の奥義を論じ、古今の形勢を論じ」て頂く感激を綴った。彼はまた、この鍋島侯に自宅の書斎名「十七種素芳堂」の額字を揮毫《きごう》してもらっている。

橋本左内との交流

安政二年（一八五五）十二月四日、鶴梁はこの日、当時在勤した中泉代官所で福井藩士橋本左内と初めて出会った。当時左内は二十二歳、早くも御書院番として藩主松平慶永《まつだいらよしなが》の政治に参画する立場にあり、福井の国元から出府の途次、鶴梁の旧知だった藩校明道館助教吉田東篁《よしだとうこう》の手紙（紹介状か）を預かって、中泉陣屋を訪ねたのである。

十二月四日　晴、寒　癸巳

吉田禎蔵（東篁）手紙一封持参、同藩士橋本左内まかり越し候間、対話のこと。もっとも同人義格別の人物に付き、ことごとく吐露いたす。

このときの話題は、鶴梁の転任のこと、互いの同志のこと、彦根藩主のことなどなど「徹夜対話、鶏鳴に到り発途」と、大いに意気投合した出会いだった。酒肴を出したところ左内は酒を飲まず、膾《なます》・海苔酢・煮淮南《わいなん》（湯豆腐）・炙鰻《しゃまん》（鰻蒲焼）をつつき合っている。「快人というべし、快事というべし」、江戸を離れ、国事に疎く暮らす今の身にとって、肝胆相照らす若者との対話に、久々の心躍る思いを味わったらしい。肝心の話題については、例によって日記中には触れていないが、このあとに出した書状にその一部に関わると思われる文面がある。

鶴梁は左内を送った後、早速、江戸福井藩邸の左内あてに二通の書状を発した。その二通が『橋本景岳全集』に収録されている。すぐ翌日の十二月五日付けと、同月十八日発信のものがそれである。

別後茫然、久々枕に伏して眠りがたく、則《すなわ》ち一書を裁《た》ちて拝呈仕り候。

一通目の冒頭は、前日の会合が、鶴梁にとっていかに衝撃的な印象をもたらしたかがうかがえる一文で始まる。鶴梁は二十八歳も年下のこの俊才に、何を感じ取ったのだろうか。このあとも醒めやらぬ興奮を、「余りに喜悦、心中転倒、種々申し残し候多々、甚だ残念に存じ奉り候事」と述べ、本文では、鶴梁の草稿をもとに左内が文を練って、閣老の阿部正弘へ建白書（内容は不明）を差し出して欲しいこと、また、おそらく攘夷に関して水戸斉昭登城の必要性と、それには阿部正弘を動かすのが上策だということ、江戸での「薩摩芋（島津《しまづ》斉彬《なりあきら》）の値段（評価）」の問い合わせなど、また末尾には、将来ある左内が一儒官などを望まず、他日君公からの期待に備え「有用的の学問専要」と助言し、またもや前日を振り返って「涙胸臆《きょうおく》を濡らし」、次の出会いを待つという熱烈な思いを書き添えている。

二通目はこの十三日後に出された短い手紙。これには、その三日前に「随分憂国の念」ありという彦根藩士（名は不明）が陣屋に立ち寄り、昨今の時勢を慨嘆して交わした密話の内容、

図13　橋本左内画像

○一橋慶喜《ひとつばしよしのぶ》の将軍継嗣実現は難しく、いまこの問題について口外するのは危険だということ

○鶴梁の転任は、現下の情勢では当分実現の望みがないのであきらめたこと

○鶴梁がその彦根藩士に、憂国の念を生かすなら、まず寵臣長野主膳と親睦を結び、藩主を動かし、その力をたのんでこそ「尽力

報国」を望むべきだ

と伝えたことを述べ、志ある人にとっては、万が一にも、

あぶなき猿の綱渡りは甚だ心元なきやと存じ候。

と付け加えた。後に、ここにいう「心元なき」綱渡りをあえてした左内と、それを避けた鶴梁との違いを明らかにした言葉として面白い。二年の後に迫った大獄事件における鶴梁と左内、ひいては幕末史における両者の位置の違いを示唆する一文である。

鶴梁と左内の交流は、安政二年と三年の間、江戸と中泉の地を隔てて続けられた。安政三年の二月末から五月末まで残された橋本左内の日記中に、鶴梁の名がしばしば登場する。それらはおおむね書状のやり取りの記録だが、中には彼の転任の件で左内がその周旋に動いていたことが見える。これは、彼ばかりでなく、目付として当時ハリスとの外交交渉に活躍していた岩瀬忠震《いわせただなり》が「夙（はやし、鶴梁の変名）のこと、周旋甚だ勉む」としている。また「夙」の知己として、岩瀬のほかに、大久保右近将監《うこんしょうげん》（忠寛《ただひろ》・一翁）・水野筑後守（忠徳《ただのり》）・大久保市郎兵衛らの名を書き留めている。いずれも幕末の混乱期、困難を極めた外交や内政に、大きな足跡を残した有能な幕臣たちである。

安政三年の六月、左内は帰藩の途次、再び中泉陣屋を訪れる。このときは水戸藩の原田八兵衛からの一封を届けてくれた。中に書状が二通、さらに老公の筆になる書一絹が添え

てあった。

原田八兵衛は兵助の倅《せがれ》、父兵助は水戸藩奥祐筆頭取で藩政の中核をなし、斉昭の改革を支持していた。鶴梁は父兵助と関わりがあり、その縁で、息子八兵衛も親しく鶴梁の門に出入りしている。その原田八兵衛が、書状に、かねて鶴梁が依頼してあった老公斉昭の書を添え、左内に託したのである。このときは一泊したうえに、翌日の夕刻までゆっくりして行った。前回と違い、日記にはごくあっさりと書くにとどめている。

しかし、鶴梁はこの二ヵ月後の八月一日付けで書簡を左内に送った。これは活字で七頁にも及ぶ長いものだが、前記『橋本景岳全集』に載せている。手紙の内容の大半は藩主の清滝寺《せいりゅうじ》（遠州二俣《ふたまた》、徳川家康の長男松平信康の廟所）代拝のこと、それに別紙として、鶴梁自身の御料支配の実績を九項目にまとめたものが添えてある。おそらくいずれも左内訪問当夜の話題となった事柄だろう。この九項目の内容は、多少表現上の誇張はあるとしても、それぞれ日記に記載してある事実を、ほぼそのままの内容をもとにしてまとめたものである。左内出立後、約二ヵ月近くかけて、日記などを参照しながら、これだけに要約したのだろう。この中には、海防用途上金《あげきん》の上納や安政の江戸大地震復旧用の竹六、七十万本の江戸回送、前述の安政東海大地震とその後の大井川・天竜川などの洪水災害への対応、街道筋の治安維持などの成功について、かなり自信に満ちた筆致をもって記されている。こうした文章を書き示すについては、一地方の代官として精励しているみずからの治民の実績を、何とか世に顕したいという念願を抱いていたものだろう。もちろん転官の望みもかかっていたに違いない。

このほかにこの前月二十一日、アメリカ初代総領事ハリスが下田に来航、その応接のために江戸在勤の下田奉行井上信濃守（井上清直《いのうえきよなお》、勘定奉行川路聖謨《かわじとしあきら》の実弟新右衛門、鶴梁の知己《ちき》）が今日八月一日現地着したこと、下田での両国の交易が幕府内で歓迎されているという、これは多分に憶測をまじえて報じている。八月一日付けの書状にこの事実を書くというのは、当時としては随分速い情報の収集である。これは井上清直自身か、または同地で支配組頭という、奉行に代わる立場（ハリス『日本滞在記』では副奉行）で活躍していた若菜三男三郎《わかなみなさぶろう》の周辺からの速報ではないかと思われる。この人とは後に述べるようにこの日記以前から旧知の間柄にあった。

このようにして安政二、三年の間、二人の間にはほかにも手紙の往復が七、八回はあったはずで、これは両者の日記の符合するところだが、それらの手紙は残念ながら現存しない。『橋本景岳全集』中にはこれらのほかに、安政三年五月一日付けの一通を見ることができるが、逆に鶴梁あての左内書簡は世に出ておらず、あるいは散逸したものかとも思われる。

一方、橋本左内はこの安政三年当時、すでに英語・ドイツ語を理解し得るほどになっていたらしく、翌四年には藩校明道館の改革に乗り出し、四月には館内に洋学習学所を設け、西洋の学術修得を奨励するまでに進んでいた。前年の書状で、鶴梁が彼に期待した「有用的の学問」が、はからずも鶴梁の嫌った洋学であったことになる。さらに同年九月には故郷の友人村田氏寿《むらたうじひさ》に向けて積極的開国論を展開している（山口宗之『橋本左内』人物叢書、一九六二年）。したがって左内は、根本的に西洋嫌いの鶴梁とは、このときすでに志を異にしていたはずだ。当年五十一歳の鶴梁は、こうして早くも若い左内に追い越されていたことになる。その後についていては、安政四・五・六年の日記がほとんど現存しないので、どういう交渉があったかは分からない。ただ、安政五年の二月に一通と、五月帰府直後の六月に二通、鶴梁から左内へ出した書簡が『橋本景岳全集』に収録されていて、六月の書中に将軍継嗣問題が一橋派の敗退に終わったことを匂わせる文面がある。これまでの水戸との関わりから考えても、鶴梁がこの問題に無関係だったとは考えられない。しかしこの時期、鶴梁のその方面での動きや左内との関わりがどの程度のものだったかを知ることができる資料は見当たらない。ともかくこの六月十三日付けの書簡を最後に、両者間の交渉の跡は絶えている。

安政五年五月晦日、彼が遠州中泉から寒河江《さがえ》代官として帰府の途についたときは、すでに井伊直弼が大老に就任し、将軍家定の継嗣内定とそれに絡む条約調印について紀州派の大老と一橋派の松平慶永らの対立が表面化しており、江戸にあって藩侯慶永《よしなが》の側向頭取役にあった左内は、その渦中の人となっていた。同年九月に安政の大獄が始まり、早くも同月二十三日に左内は町奉行所へ召喚、拘禁されている。翌六年十月、伝馬町の獄に下り、同七日には死罪に処せられてしまった。将来を嘱望されながら、わずか二十六歳の命であった。一方鶴梁自身は、この大獄の禍を無事免れている。それは「危ない猿の綱渡り」を用心深く避けたからなのかもしれない。

安政の大獄と林鶴梁

安政五年（一八五八）九月五日、京都町奉行の手で信州松本の飛脚問屋近藤茂左衛門、八日には伏見奉行の手で小浜藩士梅田源二郎雲浜《うんぴん》が逮捕され、これを端緒として世にいう安政の大獄が始まった。そしてこの後、翌六年十二月に終息するまでの間に、評定所の判決を受け、罪科に処せられた人物は、吉田松陰ら主立った者だけでも六十九人、禁裏《きんり》の廷臣、幕臣、諸藩の藩士、その他農・商民までを含んで、歴史に例を見ない規模のものとなった（吉田常吉『安政の大獄』日本歴史叢書、一九九一年）。大老井伊直弼による、徹底的かつ苛酷な処断が実行されたのである。ほかにも七人の諸侯が、永蟄居《えいちっきょ》・隠居・差控えなどを命じられ、さらに外交問題など、困難な幕末の行政を推進してきた開明派の有能な幕臣の多くが、左遷、あるいは処分される事態に発展する。この一大疑獄事件は、病弱の十三代将軍徳川家定の没前後から、その継嗣問題に端を発し、幕閣・大奥・御三家内部の個人的な対立抗争が、幕府の対米条約違勅調印と絡んだ朝幕間の軋轢《あつれき》をきっかけとして展開した。この事件は、折しも朝廷との関係と外交問題に揺れる幕府の政治組織に打撃を与え、すでに衰亡に向かっていた徳川幕府の命脈を絶つ契機となった。

この大獄の嵐が吹き荒れている時期、林鶴梁は、羽州寒河江・柴橋代官として江戸に在勤していたと見られる。しかしここで、前任中泉代官の末期、安政三年十月から翌四年一杯の一年三ヵ月分と、転任となって中泉から帰府した後の、安政五年六月から同六年十二月までの一年半、日記が欠けていて、その動静が不明となっている。また、この事件の後、万延元年（一八六〇）一年分と翌文久元年（一八六一）九月までのものが今、残されているが、これを見る限りでは、日記の文面には、事件は何の痕跡もとどめていない。

鶴梁は、大獄の犠牲者中、複数の人物ときわめて近い関係にあり、なかでも多くの被害を被った水戸藩とは関わりが深かった。安政五年の日米通商条約無断調印をめぐって、天皇が幕府を譴責《けんせき》する、いわゆる戊午密勅《ぼごのみっちょく》の写しを京から水戸へ移送した当人、このとき薩摩藩の日下部伊三次は、もと水戸藩士であった時代から鶴梁に親しく、日記の初め天保十四年（一八四三）当時から宮崎復（定）太郎・実稼・草壁などの変名を用いて、ほとんど親族の一員であるかのようにたびたび登場する。鶴梁の江戸在勤の間、日下部は桜任《さくらじん》蔵《ぞう》（村越芳太郎）らとともにしばしばその家を訪れ、もっぱら水戸藩の改革派、藤田東湖・会沢恒蔵・高橋多一郎・原田兵助ら、また、彼らを介して旧藩主徳川斉昭との連絡役をも果たしていた。この交流は鶴梁が遠州中泉に転じた後も続き、安政三年九月まで、書簡の往復が続けられている。この間実に十五年の長きにわたって交流が継続していたことになる。この日下部伊三次は、大獄の初期、安政五年の九月二十七日、江戸で逮捕された。しかもその年の十二月には、預け先の陸奥湯長谷《ゆながや》藩（福島県いわき市）江戸藩邸で病死してしまう。この重要な人物と鶴梁との親密な関係が、徹底した司直の探索の目を逃れたとはほとんど信じがたい。

また、鶴梁とは師長野《ながの》豊山《ほうざん》の同門出身で、詩文を通じての親友、藤森恭助弘庵（天山）もこの犠牲者であった。詩人としての弘庵は『春雨楼詩鈔』が名高い。また、儒者としては一時水戸とは関係の深い土浦藩に身を置き、藩主土屋寅直《ともなお》・公用人大久保要《かなめ》のもとで民政に寄与している。『海防備論』『芻言《すうげん》』を著して徳川斉昭に示し、その信頼を得ていた。この関係で疑惑を受け、江戸追放の刑を受けた。この大久保要も鶴梁に親しかったが、これも大獄の禍を被り、土浦藩の獄舎で病死してしまう。

鶴梁の妻庫子の実兄、中井数馬も連座して六年五月に獄死し（先手組与力、『小伝』）、弟の藤田忠蔵（もと中井虎之助、養子改名、鉄炮方与力）は彼の最も身近な門弟であったが、その忠蔵も三十日の押込めの処分を受けた。日記には、ほかにも橋本左内・茅根伊予之《ちのねいよの》介《すけ》・勝野豊作など、この大獄の犠牲者の名がたびたび出てくる。

このように大獄事件では、何人もの親しい人々が犠牲となったにも拘わらず、その累が彼に及ばなかった理由は何だったのだろうか。それはもう今となっては何も分からない。これを憶測しても意味はないが、ただ、この大獄直前の一年余と、そのさなかの一年半の日記が、今、残されていないことが、その理由を物語っているような気がする。また、本文を墨で消してあるところが多いことも気になる。あるいは、用心深くその記事が出てくる部分を処分し、あるいは墨で抹消してしまったと考えられなくもない。ただしこれは憶測の域を出ない。また、この後の日記からは、彼ら親しかった関係者の名も、ぬぐい去ったように消えてしまった。

桜田門外の変

大獄の嵐が収まったあと、翌安政七年（万延元年、一八六〇）三月三日の朝、桜田門外の変が起きる。水戸脱藩の浪士関鉄之助以下、水戸人十九人と薩摩藩士の有村次左衛門の合わせて二十人が、大獄の主導者井伊大老の登城途中を襲った事件である。このとき、元水戸藩士黒沢忠三郎が放った短銃は、開港したばかりの横浜村で商社を営む中居屋重兵衛から前述の藤田忠蔵を通じて手に入れたものだという話を、のちに鶴梁自身が前記福井藩の村田氏寿《むらたうじひさ》に語ったという（佐々木杜太郎『中居屋重兵衛』一九七二年）。なお同書の「中居屋重兵衛年譜」には、嘉永四年（一八五一）、重兵衛三十二歳の折、「尊皇儒者林鶴梁の門弟」だったとある。ただし日記中には重兵衛の名は見出せない。また、その短銃の手配に関わった水戸の加藤木賞三（平野正太郎）は、鶴梁とは深い関係があったらしく、日記にはたびたび登場する。なお、この加藤木も鶴梁の弟子だったとする説もあるが、日記を見る限りではその気配はない。また、この事件の謀議を指揮したが、襲撃には加わらず、大坂で自刃《じじん》した高橋多一郎もまた鶴梁旧知の間柄で、嘉永四年までは二人の間にたびたび書簡の往復があった。

この桜田事件についての記述は日記にあり、次のように記されている。

四日　曇　戊辰

一昨夜鋼三郎帰途の節、し組火消人足多人数、消防の出で立ちにて下町へ出向き候見かけ、尋ねさせ候処、内寄合に出候旨相答え候由、帰宅、申し聞けらる。その後国太郎儀、林祭酒（復斎《ふくさい》、梧南、当時大学頭《だいがくのかみ》）より帰宅にて咄《はなし》の趣には、水府浪人十七《（ママ）》人、桜田御門外において、彦根侯御登城がけを待ち受け、切り掛け候趣、巨細の儀は相分かり難き旨承り込み候段、翌四日朝、国太郎申し聞け。

（昨夜のこと、鋼三郎が帰宅する途中、し組の火消し人足が大勢、火消し装束で下町の方へ行くの見かけ、尋ねさせたところ、内寄合に出るのだと答えたという。その後、国太郎が林大学頭のところから帰宅して、今朝になって聞いた話では、水戸浪士十七人が桜田門外で彦根侯井伊掃部頭の登城途中を待ち伏せして斬りかかったという、詳しいことは分からないと聞き込んで来たとのこと。）

まことに淡々と事実だけを叙した文章で、このほかにはひと言の言及もない。これは前述のような事情からして、どうも不自然の感を免れない。また、このときの彦根藩側の怪我人の中に、藤田忠蔵という名があるので気になるが、これは同名異人であろう。次は、

晦日　晴　甲午　晩雷雨

◎一井伊掃部頭、名代南部丹波守、思召これあり、御役御免なられ候旨、桜の間において老中列座、紀伊守（老中内藤信親）これを申し渡す。

なお、鶴梁の日記には記されてないが、実はこの発令に先立ち、事件の翌日の四日、小納戸頭取の塩谷豊後守が井伊家へ上使に立ち、

朝鮮人参　拾五匁

右病気御尋ねのため、思召をもってこれを遣わさる。

（『藤岡屋日記』）

ということがあり、また、七日には同様に鮮鯛一折・氷砂糖一壺が届けられる。公儀では井伊の横死の事実を伏せ、あくまでも生きていることとして、ことを処理したのである。死人に朝鮮人参は効き目がない。鶴梁は、井伊御役御免の発令をそのまま載せて何の感想

も述べず、ここでも無表情のままの記述にとどめている。ただ、この記事の頭に◎印を付しているが、この印にはどんな意味があるのだろうか。井伊が死んで十五日後の三月十八日に改元が行われ、この年は万延元年となり、いよいよ幕府崩壊に向けて世の中は激しく揺れてゆくことになる。

翌文久元年（一八六一）八月二十日、鶴梁は関東代官荒井清兵衛ら三人とともに代官を兼ねて「和宮様下向につき、年頭兼勅使供奉の公家衆御馳走賄《まかない》御用」という役を命じられた。十月の和宮下向、翌二年二月婚儀の準備である。これは代官時代の経理の才を買われたものと思われる。しかしこの年九月で現存の日記は終わっていて、その後の細かな動静はまったく分からない。翌文久二年に御納戸頭に昇進し、払方を十ヵ月近く勤めた。その後、さらに翌三年九月末には新徴《しんちょう》組の支配にまでなる。新徴組は、市中の浪士を組織して治安に当たらせようとして、同年の四月に新設されたもの。ここでは同役の松平上総介忠敏が講武所剣術教授方出身で、直接浪士の支配を担当するかたわら、鶴梁はもっぱら経営面に携わったと見られる。しかし、この新徴組は鶴梁任命後わずか二ヵ月にも満たない十一月二十二日に廃止され、そのまま免職となる（『藤岡屋日記』）。こうして時代はいよいよ緊迫の様相を呈し始めるが、鶴梁はこの後、学問所頭取を一年勤めただけで寄合入りとなり、そのまま世は維新を迎える。このときすでに六十歳に達していた彼は、まったく時流の外へ押し出されてしまっていた。

次男鋼三郎の戦死

ところがこの後、明治元年（慶応四年、一八六八）戊辰《ぼしん》戦争の折、羽倉家へ養子に出していた次男鋼三郎が幕府軍に身を投じ、その年の八月、米沢藩士雲井《くもい》龍雄《たつお》らとともに上州に戦って戦死を遂げてしまう。彼の幕臣としての勤めは京都見廻組組頭だった（『小伝』）。父鶴梁以来の主家の恩義に報いて忠節を尽くし、瓦解する幕府と運命をともにしたのである。実に二十九歳の若さだった。思えば先に述べた継母との折り合いの悪さでもわかるような、いかにも次男らしい一途な性格が、たまたまこの時節に遇って、結句この悲運をみずから引き寄せるまでに及んだのだろう。敵の銃弾を左肩へ受けて絶命、死場所は上州と会津を結ぶ旧沼田街道に沿い、あの尾瀬沼をはさんで接する群馬県利根郡片品《かたしな》村か、福島県南会津郡檜枝岐《ひのえまた》村のいずれかだという。雲井龍雄は、江戸開城ののちも最後まで反維新政府の志を貫き、明治三年（一八七〇）十二月、政府転覆の陰謀を企てたかどで小伝馬町の牢で斬首の刑を受け、小塚原の刑場に曝《さら》された。雲井はこのとき二十七歳だった。

のちに、父鶴梁は孫に当たるその遺児安吉を手元に引き取り、その安吉のために、「忠孝の大節」に命を捧げた亡父鋼三郎をたたえる文「迂窓《うそう》記」を著した。迂窓はもと鋼三郎が羽倉氏邸内に構えた書斎の名。安吉は維新時二歳で、祖母・母らに伴われて一時浜松へ転居し、再び江戸に帰った。鶴梁は彼らを自邸の別室へ引き取り、その別室をまた「迂窓」と名付け、まだ幼い安吉に父の跡を継がせて迂窓主人とした。その父は朝敵の身となって戦死こそしたものの、その死が決して天地に恥ずべきものでなく、忠孝の節義に生きた「士」であったことを、この孫に、そしてだれよりも自分自身に言い聞かせたかったに違いない。鋼三郎の死後七年を過ぎた七十歳、明治八年春の作である。今、この文章は、『鶴梁文鈔続編』に載っている。

文人林鶴梁、その生涯

鶴梁の文章と書画の趣味

文章家林鶴梁

林鶴梁《はやしかくりよう》は、幕臣であると同時に幕末期の文人の一人であった。評定所留役《ひようじようしよとめやく》・甲府徽典館《きてんかん》学頭・新番・代官として、また、納戸頭《なんどがしら》などの官吏としての勤めに励むかたわら、詩文・絵画・書に親しみ、また、みずからの文章については、作品集として和装本正続十二巻の『鶴梁文鈔《かくりようぶんしよう》』を残した。

江戸期といえば、和歌・俳諧の類は別として、まれに上田秋成《うえだあきなり》や本居宣長《もとおりのりなが》・平田篤胤《ひらたあつたね》ら国学者が、和文体を表現の手段として用いたとはいえ、学問と教育の世界に漢学が主流を占めたのはもちろんのこと、一般の文章表現・法令・公用文や記録などは、もっぱら漢文訓読体あるいは漢文を常用とした。これは喜びや悲しみというみずからの心情を表す場合も同じで、今、考えれば随分窮屈かつ不便の極み、おそらくはその思いを十分に表現できなかったのではないかと思いがちだ。しかし、これは鶴梁ばかりでなく、頼山陽《らいさんよう》をはじめとする江戸期の漢学者・詩人の諸作品、近代となっても夏目漱石の漢詩などを見ると、この当時の文人たちはだれしも漢文体の簡潔な文中に、事実や心情を凝縮して表すことをむしろ便宜としたという趣がある。この鶴梁の場合も、文章家として漢文の技法を駆使して磨き上げた数多の漢文作品があり、唯一の著作集『鶴梁文鈔』にはそうした作品が収められている。

また、この日記の本文そのものもほぼ書き下し文の体をなしているが、とくに強い悲しみや喜びを表すときなどは、なぜかその部分だけを白文《はくぶん》のままとした。この方が彼にとっては手っ取り早い記述法だったものか、あるいは感情の露わな露出を避けるために漢文をそのまま用いるというストイシズムが働いたものか。先にも引いたように、妻の死を嘆く場合も再婚が決まりかけたときの喜びも、また娘鈴の死についても、前文までの書き下し文の文体を白文に改めている。

『鶴梁文鈔』

『鶴梁文鈔』十巻四冊、『鶴梁文鈔続編』二巻二冊には、二十二編の「書（諸侯や友人にあて、所懐を述べたもの）」、以下、「序」「記」など十三項目に分けて、百二十二編の文章が収めてある。もっともこの文集は、文章家林鶴梁終生の作品のうち、慶応三年（一八六七）、明治十三年（一八八〇、没後二年）という刊行の時期に適った作品を集めたもので、必ずしもその代表作とは限らないといえよう。たとえば、日記には人間関係の中に色濃く読みとれる攘夷海防思想を表したものは「与佐嘉侯書」などごく少なく、また、同じく記事にあるような幕政に関する建白も見ることはできない。日記を見ると、安政五年（一八五八）の年頭から、五月中泉代官を終えるまでの短い期間、作文と作詩を日課としていたらしい節があり、『文鈔』中の「戦論」ほか何編かの作品は、この時期に書かれたことが分かる。『続編』の方は内容からして、維新後にかけて書かれたと読めるものが多い。

作品には「答藤田斌卿書」など自己の政治信条の叙述、先に引いた「恵済倉記《けいさいそうき》」「四河記」「四得録」など代官時代の事跡、奇人「狸翁伝《りおう》」（森銑三『新橋の狸先生』）などの人物紹介、師長野豊山・亡妻久の墓表や、「烈士喜剣碑」「茅根伯陽《ちのね》（伊予之介・水戸藩士）碑」などの碑銘、渡辺崋山らの書画の題跋、友人藤田東湖や自身の詩文集の序、また、「麻渓《まけい》紀勝《きしょう》」などの叙景文そのほか多岐にわたる内容を叙述したものが集められてある。こうした作品全編に見る文章の格調の高さ、独特な題材と視点、叙述の巧みさが、幕末から近代へかけて多くの読者を得ていた理由であろう。先に述べたとおり、三田村鳶魚《みたむらえんぎょ》や夏目漱石らをはじめとした明治から昭和戦前にかけての多くの若い世代に愛読されたばかりでなく、その中のいく編かは、戦前まで旧制中等学校漢文の教材などとして長く活用されてきた（『新撰漢文教科書』三省堂、一九三七年ほか）。

「麻渓紀勝」

たとえば、『鶴梁文鈔』中のいくつかの叙景文の場合、いずれも漢文独特の格調を重んじ、類型的な表現をあえて取りながらも、簡潔さという表意文字としての漢字の持つ効果を大いに生かして、独自の情感を盛り込んだ諸編を見ることができる。その代表作の一つとされる「麻渓紀勝」は、彼が江戸にあってその生涯の大半を過ごした麻布今井谷近辺の風景への限りない愛着を二十八の短文に表し、序文と跋を添えた一編である。その冒頭の「桜巒《おうらん》春容」を読んでみよう。

> 漫焉《まんえん》として、これ疑うらくは雲かと。しかして色則《すなわ》ち艶なり。翻焉《ほんえん》として、これ訝《いぶか》るらくは鷺かと。しかして香則ち淡なり。姿態は妖冶《ようや》、韻致《いんち》は瀟洒《しょうしゃ》、また雪華・柳絮《りゅうじょ》のたとうべきに非《あら》ざるは、あに桜花の春容の逞《さかん》なるにあらざらんや。都人、往々にして花を飛鳥・墨陀《すみだ》に賞す。その花の多きをもってなり。しかるに相馬氏邸内、岡巒《こうらん》は畳連《じょうれん》、挺抜《ていばつ》にして凸、地は清趣幽境、花とともに称す。これ麻渓第一の勝。ただしこれを飛鳥・墨陀に見るに、花の数は半ばを望むあたわず。しかるに飛鳥・墨陀は、則ち遊客雑踏し、すこぶる殺風景をなす。ひとりここの花は、幽清の境にあり。点塵の汚す所をなさず。すなわちその飛鳥・墨陀に過絶すること遠し。あにこれその麻渓に冠たるのみならんや。

書き下し文にすると、随分冗長になるが、原文はわずか漢字百五十四字で、対句を織り込んだ格調高い文章となっている。題は「桜山の春景色」、要旨は次のとおり、

雲が棚引くかとも見える満開の桜、鷺が飛ぶかといぶかるその花びら、あでやかな色と淡い香りは、何にたとえようもない。今、江戸の人たちは花といえば飛鳥山や隅田川に集まる。それは花が多いからだ。この麻渓（麻布今井谷）の相馬氏邸は小高く岡が連なっていて、清閑な景観の中に桜が咲き、その美しさは麻渓随一である。もっとも飛鳥山や隅田川に比べると花は半分もない。ただし、そちらは花見客で雑踏して、折角の景色もぶち壊しになってしまうが、ここの花は清潔で静かなところに咲き、わずかな俗塵にも汚されることがない。その点ではるかに立ち勝っている。これは麻渓第一というだけにとどまるだろうか。

赤坂溜池から谷町・御箪笥《たんす》町を通って、六本木へ突き上げる今井谷は、東南側に市兵衛町、西北側に三河台町の丘陵に挟まれる浅い谷で、その広い底部には、先手組や小役人らの長屋、いくつかの武家屋敷、湖雲寺などの寺、町家のほかは田畑の広がるのどかな風景だった。「相馬氏邸」は、このとき、鶴梁の住んだ谷町からさらに奥へ入って、麻布御箪笥町通りの西北側、谷底から岡の上の三河台へかけて広大な地域を占める陸奥中村六万石の大名、相馬大膳亮《だいぜんのすけ》の屋敷をさす。この屋敷の内、おそらくは東南に面する斜面の中腹

から岡の上にかけ、桜樹が数多くあったのだろう。もちろん余人の立ち入ることができない大名屋敷は、「清趣幽境」そのもので、そこに咲く桜花は、飛鳥山や隅田川のごとき俗塵には縁のない、清閑のたたずまいを見せていたに違いない。鶴梁老人は春来るたびにここに杖を曳き、一人佇《たたず》んで、心ゆくまでこの佳景に眺め入ったことであろう。現在はというと、ちょうどこの谷町ジャンクションから六本木と飯倉片町へかけての昔の谷筋を、高速二・三号線が上を走り、下は六本木通りと行合坂、その両側は桜どころか、ホテルや高層ビルが壁をなす騒然とした一帯で、まさに「殺風景」の限り。町名も変わって、往昔の面影は旧真田邸の跡を占めるアメリカ大使館宿舎とその近辺の地形にのみ、とどめる程度となっている。

さて、鶴梁はこの文章で、花見客が乱痴気騒ぎを繰り広げる花の名所飛鳥山と隅田川の岸辺を「殺風景」と断じ、この静かな人に汚されない場所に咲いてこそ、桜の花を、何にたとえようもないほどに美しいと感ずるみずからの思いを表現している。ここに記された風景論は、伝統的な江戸詩人共通の感性と表現法に従ったものとはいえ、現代の我々にも通ずる永遠の新しさがある。それは漢字独特の表意性と、漢文体の明快なリズム・音韻を用いて、自分の目でとらえた情景と、それに寄せる心情を充分に表しているからだといえよう。

このほかにも、相馬邸の桜と相対する位置にある石川邸の紅葉した楓林に朝日（夕日ではなく）が当たる美しさや、近所の鹿島という酒屋の繁盛、西行（光）寺の夜明けの鐘声を記して、かつては毎日その音で起床し、身を清めて出勤したのに、致仕した今は絶えて聞いたこともないという感慨を述べ、また、多くの溺死人を葬った古寺の香煙、谷のそこかしこに鳴く鶯や、奥の沼から聞こえる蛙の声、雪柳や桃などの花々、野菜畑の眺めなど、日頃愛してやまないこの谷一帯の四季の風景を叙している。その中の一編「鶴梁晩望」は、この谷町中通りを横切る大下水に架かる「鶴ヶ橋」からの眺めが、今、屋敷や林に遮られて、古人の賞翫した美しさを失ったことを嘆いた文だが、市街化によって失われた眺望を惜しむ心は、今の世も変わらない。なお、この「鶴ヶ橋」が彼の号「鶴梁（梁は「はし」の意）」の由来となった。彼はまた「鶴橋」という号も使っている。締めくくりの跋文に、自分は佳景を求めて遠くへ行くことをせず、この「家門数十歩」にある麻渓の景勝に遊ぶ。これは犬と同じで、もし遠出して高山・大川に遇えば、きっと犬が日や雪に驚いて吠えるような思いをするだろうと述べ、全文を結んでいる。

以上のように、鶴梁は、漢詩漢文の常套的な表現を借りながらも、日常生活中で起伏する感情の叙述はもちろん、こうした風景もみずからの目と感性でとらえ、漢文を用いて自在に描写・表現する力を持っていた。これが夏目漱石や永井荷風・田山花袋などといった近代の諸作家の若き日に、何らかの影響を及ぼしたということになるのだろうか。初めに分類したとおり、鶴梁は、大きくいえば「漢学者」の部類に入るのだろうが、彼の本領は伝統的な儒教古典の訓古注釈を旨とする古学でも、治国平天下のために実践道徳を探求する朱子学でもなく、いわゆる「学者」のイメージとはかけ離れていて、儒教の素養をもとに、現在目前の事実を対象として、おのれの情念や思想を文章に表そうとする「文章家」であった。なお、『鶴梁文鈔』に載る叙景文は、ほかにも、「豈止快録《がいしかいろく》（奥多摩紀行）」「游舘山寺記」「材木巌記」など数編を見ることができる。

書画の愛好

日頃、詩文や書画を愛した鶴梁は、仲間の文人たちとの交流に努めるとともに、自宅で詩を詠み、時局を論じ、書画を楽しみながら酒を酌み交わす催しを開いている。

弘化五年（嘉永元年、一八四八）五月十三日　甲酉　小雨、忽《たちま》ち止み、忽ち降る。

在宿、元吉・秋暉へ早朝人遣わす。

大久保要より手紙来たり、今日参りかね候趣、返書遣わす。

竹酔日会筵《ちくすいにちかいえん》来賓十一人、秋暉、墨竹・墨蘭を画く、大久保要来たらず。

門田尭佐《もんでんぎょうすけ》、茶一嚢《のう》を送る。　添川完平、半紙を送る。

牧野唯助　尾藤高蔵、海胆《うに》一器を送る。

石川和介、菓子一折を送る。　　諸木雄助、墨一挺を送る。
藤森恭助、此夜《この》一宿。　　渋谷脩軒
保岡元吉、花一枝を送る。　　保岡
岡本祐之丞
魚一方半（金一分二朱）一杖頭（銭二百文）、野菜二朱三百、酒三升五合余、六郎周旋。

この日、鶴梁は日頃親交のある詩友を自宅へ招いて竹酔日の会を催した。竹酔日とは陰暦五月十三日のこと、もと中国湖南省岳陽近辺の古習だそうで、この日に竹を植えるとよく根付き、繁茂するという伝えがあり、わが国でも昔からそのしきたりが行われていた。この日に文人たちを集め、竹に因んだ詩文を作り書画に親しんで、酒に酔うという雅宴を催したのである。

来会者のうち門田尭佐樸斎《ぼくさい》は菅茶山《かんちゃざん》・頼山陽の門弟で福山藩の儒者となるが、攘夷論を藩主阿部正弘に進言して免職され、一時帰国して諸国の攘夷論者と交わったという経歴を持つ。牧野唯助黙庵は讃岐の人で茶山・一斎の門弟、尾藤高蔵は詩人水竹、二州の子で頼山陽は母方の従兄となる。石川和助は関藤藤陰《せきふじとういん》の名で知られている。門田と同じ頼山陽の弟子で福山藩に終生藩儒として仕え、藩命で蝦夷《えぞ》・樺太を踏査し、幕末の混乱時には藩の存亡をかけて対外交渉に活躍した。藤森恭助は詩人弘庵で、先にも述べたように土浦藩の学政に当たり藩主寅直《ともなお》に信任を得ていた。鶴梁と親交があり、日記中にもお互い頻繁に行き来する記事がある。保岡元吉は嶺南、川越藩儒者、川越版『日本外史』の刊行に従事し、序文を書いた。鶴梁とは家が近いせいもあってかとくに親しく、彼のたび重なる質屋通いは、もっぱらこの保岡の帳面を借りてなされている。微臣とはいえ旗本の身を憚《はばか》ったためであろうか。渋谷脩軒は竹栖のこと。松代藩主真田幸貫《さなだゆきつら》の侍医で蘇軾《そしょく》の愛好者、終生親交を結び、鶴梁の江戸在勤中はその主治医でもあった。なお、当日不参の大久保要はこのとき五十一歳、土浦藩士ですでに町奉行、藩校の兵学教授などの職を歴任しており、藩主の信任厚く、この二年後、嘉永三年（一八五〇）に藩主土屋寅直《ともなお》が大坂城代として赴任したとき、藩公用人として天保山砲台の構築やロシア軍艦提督のプチャーチンとの交渉などに活躍した。鶴梁は彼を通じて藩主寅直とも交わりを結んだ。この折もおそらくは公務多忙のため、欠席したのかもしれない。

絵師岡本秋暉との交友

右の記事の末尾にある岡本祐之丞は絵師で岡本秋暉《おかもとしゅうき》といい、このとき小田原藩士。年齢は鶴梁より一歳年下、石川和助こと関藤藤陰と同じ四十二歳であった。岡本秋暉は江戸の芝神明《しばしんめい》前に住む彫金師の家に生まれて、母方岡本家（蘭方医《らんぽうい》）の姓を継いだ（小田原藩士の養子になったという説もある）。幼時から絵を好んで技が秀でたため早くからその名を知られ、師大西圭斎《おおにしけいさい》を通じ小田原藩主で老中でもあった大久保忠真《ただざね》に知遇を得て仕官し、御用絵師としてではなく、江戸中屋敷見廻り役、あるいは火消頭役という閑職にいて、絵を描くことに専心していたという。小田原城二の丸正面玄関や同藩江戸藩邸玄関の杉戸の絵を描いた。その絵は花鳥画を主とし、いずれも写実的で微細な描写と華麗な色使いの、気品に溢れた作品を数多く残している。渡辺崋山・椿椿山《つばきちんざん》・福田半香《ふくだはんこう》といった幕末の著名な画家との間に交流を持っていた。小田原では二宮尊徳《にのみやそんとく》と往来し、その門弟の依頼を受けて尊徳の肖像画を描いている。

この竹酔日も、参加者がそれぞれ竹に因《ちな》む詩を作って楽しむほかに、その席で彼が墨で竹の絵を描く（席画）のが主な座興だったらしい。記事を見ると、この日の宴席では墨竹と墨蘭を描いている。十八日には、このときに秋暉が描いた墨竹の絵を門田樸斎へ、また墨蘭は石川和助へ、使いの者に持たせてやった。門田はいったんこれを返し、鶴梁に賛の染筆を依頼している。また同月三十日の条には、「書画竹詩巻後」と題して「戊申竹酔の日、同人来たり余の家に会す、酒半ばにして秋暉墨竹数枝を作る」に始まる短文を載せている。のちこれを「書墨竹後」と改め、『鶴梁文鈔』巻七に収めた。

鶴梁と秋暉との関係は長い。『慊堂日歴』天保六年・天保八年の条に、岡本秋暉は絵師大西圭斎の弟子として載っているので、鶴梁もおそらく師松崎慊堂を介してよしみを通じたものと思われる。この日記第一巻、天保十四年（一八四三）一月二十六日に早くも「書画帖二枚秋暉に託す」とあるので、おそらくそれ以前からのつき合いだったろう。以後、中泉在勤の間を除いて、最終巻の文久元年（一八六一）まで各冊にしばしばその名が現れる。秋暉は鶴梁が江戸在住の間はたびたび鶴梁宅を訪れていて、ともに酒を酌み、品物のやり取りも互いにし合っている。鶴梁の妻久が急死したときや葬儀、その初七日にも駆けつけ、また、秋暉子息の学問修業の相談に乗るという仲だった。ときにはどういう事情からか、「同人絵は手に取らざる約束」と、仲違いもあったらしい。それでも中泉から帰ってからは再び頻繁に酌み交わすようになり、作画の依頼や買い入れなどの記事が出てくる。鶴梁は彼の作品を芸州藩やその他のだれかれへ売り込んでやったり、秋暉筆の屏風六曲一双をみずから買い求め、甲府以来の親交ある一色丹後守への贈り物としたりしている。また、鶴梁は自宅の襖《ふすま》四枚に春蘭を描いてもらい、礼金二朱を渡した。もちろんこのときも酒を酌み交わしている。文久元年にも鶴梁は秋暉に海棠《かいどう》の絵を頼んでおり、八月に秋暉からほかのものにして欲しいと来信があって、それを承諾して何でもいいからと返事をしている。これが秋暉に関する最後の記事で、翌九月をもって日記も終わっている。そして秋暉はその翌年、文久二年九月に五十六歳で没しているので、鶴梁とは天保十四年以前から二十年以上に及ぶ長い交際を続けたということになる。

そしてこれは絵師ではないが、浦賀奉行・京都町奉行、のち江戸町奉行などを歴任した浅野長祚《あさのながよし》（梅堂、中務少輔・備前守）がいる。播州赤穂《あこう》の浅野家支族で、このとき三千五百石の旗本。京都在任中、川路聖謨とともに安政条約の勅許をめぐる活躍などで幕末史に名をとどめる一方、書画をよくした。とくに絵は椿椿山の門人で、精緻な花禽図を得意として描き、今、東京国立博物館に気品に満ちた名品「雑花果蓏図《ぞうかから》」が残っている。書画の鑑定、また中国書画の研究にも長じていた。鶴梁は書画の愛好を通じて長い間この浅野梅堂と親しみ、現存の日記全体を通じて面談の記事も多く、たび重なる手紙の往復がなされ、浅野邸を訪問してはその画幅を貰い受け、また借りたりなど、その交誼の厚さをうかがわせるものがある。

異色の画家浅野梅堂

このようにして鶴梁は詩文ばかりでなく、終生書画を愛し、書はみずからもしばしば筆をとるものの、絵の方はあまり得意ではなかったらしく、日記にも数ヵ所、簡単なスケッチが出てくるが、それらはどれもあまり上手とはいえない。ただ絵を好んだことは間違いなく、なかでも渡辺崋山の絵を愛し、これを讃えた文章を綴った。その文「題崋山人画」「題崋山人百花画巻」は『鶴梁文鈔』に載せてある。また、甲府在任中知り合った石和《いさわ》代官所手付《てつき》で絵師でもあった吉田善四郎柳蹊《りゅうけい》を、その上司に懇願して中泉代官の手付として迎え取り、在任の間ずっと親しく身近に置いた。代官所の職務のかたわら自分の肖像や陣屋の絵を描かせたり、崋山の絵を彼の師椿椿山に鑑定して貰うよう頼んだりしている。その中泉では見附宿に在住した先述の福田半香や三宅鴨渓《おうけい》とも交わりを結んだ。

西洋への関心

鶴梁《かくりょう》は攘夷派の幕臣として終始したといわれるが、その交友関係や日記の記事の一端には、単なる西洋嫌いともいいきれないところを見ることができる。

遣米使節外国奉行支配定役吉田佐五左衛門

万延元年十月二十三日　曇　癸未　晩晴

一吉田佐五左衛門方へ転役悦、使者として荘造罷り越す。鰹節一箱贈る。且つ墨国《アメリカ》より土産の挨拶、真綿目方百十五匁、唐饅頭一箱遣わす。

一森田岡太郎より唐紙二十五枚、ブリキ菓子皿一、新聞紙一枚、外に一枚、手紙添え来る。

右の吉田・森田両名は、万延元年（一八六〇）遣米使節のメンバーである。使節一行は同年一月、正使外国奉行新見《しんみ》豊前守正興《まさおき》の率いる七十七名が米国からの迎艦ポーハタン号、その護衛として、軍艦奉行木村摂津守喜毅《よしたけ》率いる九十余名が幕府軍艦咸臨丸《かんりんまる》に乗船、米国首都ワシントンを目指して出港した。その後、両艦は別の航路をとってサンフランシスコ到着、正使一行はパナマを経て首都に向かい、咸臨丸は艦長勝《かつ》安房守義邦《よしくに》（海舟《かいしゅう》）の意向によってそのまま帰国した。

吉田佐五左衛門久道はこのとき四十歳、外国奉行支配定役として外国方、森田岡太郎清行は四十八歳、勘定組頭として勘定方、いずれも正使一行に加わっていた。

吉田佐五左衛門の名は、日記安政七年（万延元年、一八六〇）一月三日の条、年始挨拶の来訪者の中に初めて見出すことができる。当時、鶴梁は羽州柴橋代官で江戸に在勤していた。続いて同月十七日、出発を明日十八日に控え「暇乞《いとまごい》」のために訪れた。鶴梁はこのとき吉田と夕飯をともにし、小菊紙・羽織の紐を餞別《せんべつ》として贈る。なお同日、森田岡太郎へは同じく餞別の品として硯《すずり》に手紙を添え、届けさせた。

一行が横浜を出帆したのは一月二十二日、十八日は品川を出帆した日である。そして四月十日の日記には、「サントウィス」から外国奉行方と鶴梁方へ届いた佐五左衛門の手紙と異人の肖像画を手にしたと書いている。外国方へのものと肖像画は返却した。サントウイスは、ハワイの旧称「サンドウィッチ諸島」で、一行は二月十四日にホノルルへ寄港し、約二週間滞在している。書状はおそらくこの間に出されたものであろう。この書状にはほかに絵図が添えてあったらしく、同月二十六日、友人の松代藩侍医渋谷脩軒へその図を見せにやっている。

使節一行はサンフランシスコからパナマ経由で、閏三月二十五日ワシントン到着、大統領ブキャナンに謁見して大君（将軍）からの国書を手渡し、また、日米修好通商条約の批准書を手交して、無事使命を果たす。帰途は、フリゲート艦ナイアガラ号に乗船して大西洋を横断、アフリカ喜望峰・ジャワ島バタビア経由の長旅の末、九月二十七日、品川へ帰港した。全行程は約九ヵ月にわたった。

帰国後の十月四日、佐五左衛門は早速に鶴梁のもとへ挨拶に訪れている。しばらく歓談の後、夕飯を食べて帰った。さらに同十五日、朱一包、唐紙二十枚、品名の記載がない品一つを土産として持参した。冒頭に引いた記事の一は、佐五左衛門が帰国後、神奈川奉行支配定役となった祝いと帰国土産の礼の品を届けたというもの。日記にはこの後も、鶴梁と佐五左衛門との間に交流が続いたことを示す記事がある。

この吉田佐五左衛門は、鶴梁が中泉代官を勤めた際、手付《てつき》として従った吉田善四郎と見られる。絵師としての号は柳蹊《りゅうけい》。ただし、佐五左衛門と善四郎すなわち柳蹊を結ぶ記事は、日記中にはわずかに一ヵ所、四月二十六日の条に先の書状に添えられたサントウイスの図について「柳蹊より来《きた》る図」とあるだけ。ここでこの両名が間違いなく同一人物だというのは、静岡郷土出版社刊『遠州の南画』（一九八九年）中の挿画に、柳蹊描くところの「ハワイ風景」という山水画が載り、この絵に書き込まれた長文の賛に、注目すべき記事があることを知ったからである。この賛は、慶応三年（一八六七）、使節の一員として参加した寄合医師宮崎立元《りゅうげん》正義の手になったものである。賛によれば、この絵は「波倪忙辺羅」という南北アメリカの境にある港町に、薪水《しんすい》を補給するために三日碇泊したときのものだという。この地名は読み方がわからず、遣米使節一行の副使だった外国奉行村垣淡路守の『航海日誌』にある「ポルト（ただし賛では忙、トとは読めない）ベロウ」とも考えられるが、この日誌では同所に閏三月七日夕刻から翌八日夕まで一日の滞留とあるので、なお疑問が残る。もっともこの賛が書かれるまでには帰国後七年という時が経過しており、記述が事実とは一致しないところがあっても不思議はない。そして、宮崎立元は賛の中で「余たまたま柳蹊吉田翁と岸に登り景を探る（原漢文）」とし、一帯の風景の美しさに、柳蹊は絵を描き、自分は詩を作った、と記している。一行中には吉田姓は佐五左衛門と、監察小栗忠順《おぐりただまさ》の従者（用人）好三の二人がいるが、ここに柳蹊としているからには善四郎その人にほかならない。絵そのものは、南画の描法を用いて中国風の山水に同様の舟や茅屋《ぼうおく》が描かれ、樹木の中に珍しい椰子《やし》の木が二本あるばかりで、とても南国の実景を想像するには足りないものだ。

それにしても、小栗忠順の従者として随行した木村鉄太郎が、その記録『航米記』に現地でのスケッチを数多く載せたにもかかわらず、絵師でもあった佐五左衛門柳蹊が旅行中に残したものは、今のところこの一軸をおいてほかに目にできないのはいかにも残念なことだ。ただ、現地記者の記事によれば「士官（上役）たちは絵筆に親しみ、景物などをすばやくスケッチした」（宮永孝『万延元年の遣米使節団』講談社学術文庫、二〇〇五年）という。今日のカメラ撮影と同じく、初めて接する珍しい景物をヴィジュアルに描き留めようとした一行の「士官」の中には、きっとこの柳蹊もいたことだろう。

また、前記『遠州の南画』には柳蹊の詳しい記述があり、文政三年（一八二〇）、江戸小石川伝通院《でんずういん》に生まれ、名は久道、通称佐五左衛門といった、と紹介されている。

柳蹊は椿椿山の門人で、鶴梁が甲府徽典館《きてんかん》学頭の頃は石和《いさわ》代官佐々木道太郎の属僚であったが、先にも述べたようにその画業を通じて鶴梁のもとに出入りしており、御嶽昇仙峡に新道を開発した長田円右衛門《おさだえんえもん》の功績を称える石碑に刻む肖像の原画を描いた。嘉永六年（一八五三）九月鶴梁の中泉現地赴任に当たり、柳蹊善四郎の同行を求めたが、このときは佐々木代官の承諾が得られず、実際の着任は翌嘉永七年二月となった。このときの善四郎は三十四歳、鶴梁四十九歳となる。柳蹊がこの招きに応じたのは、甲府時代の鶴梁との親交によったものだろうが、任地中泉が渡辺崋山の田原藩にも近く、その門弟三宅鴨渓《みやけおうけい》・福田半香《はんこう》という、いずれも師椿山にゆかりある人の住む地であったことも大きな機縁となったはずである。椿山は崋山の高弟だった。以後、彼は鶴梁が中泉在任の五年間、その忠実な属僚として、また画友として親しみ、安政元年の東海大地震やその後の大洪水に際しても、代官手付として率先救援活動に活躍する。日記には彼が鶴梁の肖像と中泉陣屋を描いたことも見える。

安政五年、鶴梁が羽州柴橋へ転任になった後一年半ほどは日記がないので、善四郎の動静もつかめない。鶴梁はのちに、彼との甲州以来の交誼と中泉での仕事ぶりや清廉な性格を讃えて「含雪牕《がんせつそう》（窓）記」を著した。「含雪牕」は徽典館時代に鶴梁が書き与えたもので、柳蹊がこの三字を扁額《へんがく》に仕立て、当地長屋の書斎に掛けたという。その文章の末尾に「余他年、任満ちて他へ移る。柳蹊またまさに従行せんとす」とあるので、このとき鶴梁と行動を共にしたらしいことが分かる。ともかくこの一年半の間に、何らかの手引きがあって外国奉行支配定役というこの時代の先端を行く要職へ転じ、先述のように安政七年一月、佐五左衛門として再び日記に登場する。そして、幸運にも初の遣米使節随員に加わり、輝かしくもまた貴重な体験をすることとなる。帰国後もその経験を生かし、神奈川奉行のもとで、困難な幕末外交の現場窓口を勤め、維新後は静岡に住み、明治三年（一八七〇）

に五十一歳で没した。

それにしても、一代官手付という下役からこうした要職へ転任するには、先の上司だった鶴梁の推挽があったと考えられる。彼には浅野長祚《あさのながよし》・川路聖謨《かわじとしあきら》以下、錚々たる実力派の官僚との間に強いネットワークがあった。鶴梁自身、こうした人脈を通じ、昨今の対外情勢について現実的な認識に到達し、かつての攘夷一辺倒の非を感じていたに違いない。西欧との外交関係は今や避け難く、ついてはこれを進める人材として、こうした日頃信頼を置く若い世代を推すこともあったのではないか。また、彼らから入手する海外に関する情報にも強い関心を抱いていたらしいことが、先に引用した記事などからも推測できる。

遣米使節勘定組頭森田岡太郎

また、日記の記事二項目にある森田岡太郎は、桂園と号し、鶴梁とはかねてから親しい間柄にあった。生家は大城姓で、森田は九歳で嗣《つ》いだ養家の姓である。二十七歳で聖堂試験甲科に及第し、その後、学問所教授方出役、同所勤番というエリートの道を進んでいた。おそらくその詩文上のよしみからか、少なくとも嘉永三年（一八五〇）正月には鶴梁と交流があり、知己《ちき》の一人であったことが日記中に認められる。このとき森田は小普請方であったが、嘉永四年に鶴梁に先立って羽州寒河江《さがえ》代官・甲斐石和代官、安政二年（一八五五）には甲斐市川代官を歴任し、都合六年間、幕府直轄領の支配に当たる。寛政期（一七八九〜一八〇一）以来、幕府は幕領代官の人材を重視し、学識経験あるものを次々と登用するようになった。こうした中から岡田清助寒泉《かんせん》・羽倉用九簡堂《はぐらもろちかかんどう》・江川太郎左衛門英竜《ひでたつ》・荒井清兵衛顕道《あきみち》・岡本忠次郎花亭《かてい》など、優れた人物が輩出し、その成果を挙げた。この森田岡太郎や林鶴梁もそれに連なる人事と見られる。森田は市川代官を勤めた後、安政五年に勘定組頭に栄進した。このとき、同役九人の中では新参、最下級の百俵十人扶持という禄高であったにもかかわらず、二年後には四十九歳で名誉ある遣米使節一行の会計事務取扱として抜擢《ばってき》を受け、随員に加わったのである。学識・人脈をもって幕府要人の推挙もあっただろうが、それほどに代官在任時の実績が買われたものに違いない。

森田岡太郎はこうして生来学問に長じた人であっただけに、詩文にも通じていて、外遊中は『亜行日記』を書き残し、また旅中の詩作をまとめ、後日、『航米雑詩』を編んで刊行した。帰国後も鶴梁との交際は続き、万延元年（一八六〇）十二月、アメリカ派遣時の功労に対し褒賞が行われた翌日、鶴梁は早速祝いの品松魚節《かつおぶし》百匹分を届けさせ、その二十二日には森田方からの返礼として、食籠《じきろう》に入れた鳥の子餅が結び状を添えて届けられる。ところが、この人は残念なことに翌文久元年（一八六一）の五月、帰国後一年を経ないうちに病没してしまう。享年五十歳であった。

「副奉行」の若菜三男三郎

鶴梁の知友の中でもう一人、若菜三男三郎《わかなみなさぶろう》にも注目したい。文化二年（一八〇五）生まれ、出自その他、未だに不明のところが多い。天保十四年（一八四三）、新設の初代新潟奉行川村修就《ながたか》のもとで定役を勤め、安政三年（一八五六）には、五十二歳で下田奉行支配組頭として初代アメリカ総領事タウンゼンド・ハリスとの折衝役に抜擢された。その活躍ぶりは、その日記（ハリス『日本滞在記』）に「副奉行」として書き留められている。一八五六年八月二十三日（太陽暦、旧暦安政三年七月二十一日）、ハリスの下田上陸以来直接面会し、奉行との連絡はもちろんのこと、宿舎・領事館の設置から諸手続き、日常生活の万般にわたって、手配・周旋の労をとる、これが副奉行の職務であった。ハリス来航の主目的は、先にペリーと将軍との間に結ばれた日米和親条約に基づく通商条約（日米修好通商条約）の締結にあった。日本側の委員は下田奉行井上信濃守清直と目付岩瀬肥後守忠震《ただなり》の両名である。安政四年十二月四日、江戸蛮書調所での会見から、翌五年一月十二日まで約一ヵ月、十四回の逐条折衝が行われ、六月十九日に調印がなされた。この間も副奉行は事務諸手続の任を勤めている。なお、井上清直（新右衛門）は川路聖謨の実弟で、鶴梁より三歳年下、『鶴梁日記』全巻を通じてしばしば井上との交流が記されており、岩瀬忠震もまた、鶴梁と親しい関係にあった。

この若菜三男三郎と鶴梁の関係がどのようなものであったかは明らかでない。しかし、日記では天保十四年閏九月、若菜が三十九歳で新潟奉行定役を仰せつかるまでの間、たびたび鶴梁宅を訪問、面談している。鶴梁より一歳年上だった。その後も嘉永七年（安政元年、一八五四）の七月までの間、手紙の往復が続く。この下田に在勤したころになると若菜に関する記事はなくなるが、その片鱗をうかがわせる次のような記事が出てくる。安政三年八月四日、たまたま病気療養のために伊豆下賀茂温泉に滞在した属僚西脇熹一郎が、療養を終えて赤坂役所へ帰任の途次、陣屋に届出に立ち寄った。このとき、現地下田の風聞を詳しく報告している。日記にはその大要を「下田着墨夷船」と頭書して、下田奉行所の様子、米人の行動、とくに下田商人と米人との商い、当面の関税などについて詳しく書き留めてある。これはただ西脇の見聞ばかりでなく、若菜と鶴梁の関係を思えば、奉行所筋からの情報も加わっていると考えるべきだろう。若菜三男三郎はこの後続いて神奈川奉行支配組頭となり、二の丸留守居・勘定吟味役にまで進んだ。

西洋嫌いのはずが

鶴梁は元来、水戸流の徹底した攘夷論者だった。『鶴梁文鈔《かくりようぶんしよう》』に収めた文章「与佐嘉侯書」などに、その攘夷論が述べられている。

また、日記の初めには次のような記事がある。

江川太郎左衛門・斎藤弥九郎等、高島四郎太夫流の鳥銃（小銃）指南いたし候につき、蛮服を服し、蛮語を用い候様なること、日本人の愧《はじ》たる所なり。以来決してなすべからず。かつ弥九郎宅へ寓居いたし候も、今日より改めて他所《よそ》をトすべしと芳太郎へ異見いたし候処、感服、その命に従わんという。（天保十四年二月一七日条）

「芳太郎」は村越芳太郎で、本名桜任蔵。水戸藩士で、東湖の縁あって当時しばしば鶴梁の家に出入りしており、日記にも嘉永四年（一八五一）まではたびたび登場する。記事を見ると、この頃、彼は神道無念流の剣客斎藤弥九郎方に寄宿していたらしい。斎藤は東湖とは同門の友人で、弘道館に招かれ水戸藩士に剣術を指南するかたわら、東湖の依頼で大塩平八郎《おおしおへいはちろう》の探索に当たるなどという深い関係があった。その東湖の縁で村越がその家に寄寓していたのであろう。こうした日記の文面を見ると、鶴梁はこの頃かなり激しい西洋嫌いだったらしいことが分かる。ただし、これほどまでに西洋嫌いをあからさまにした記事はここだけで、ほかには見つからない。

そして嘉永六年の中泉代官着任のあとは、江戸を離れたせいか水戸藩関係者との関わりが薄くなった。また、代官として職務に忙殺される日々は、その心情に影響も与えたろう。嘉永七年、ペリーの二度目の来航の報を受けた頃から、鶴梁の西洋に関する考えも、単に嫌いでは済まされない現実的なものに変わったと思われる。先に述べたように下田奉行井《い》上清直《のうえきよなお》とは勘定所以来の交流があり、嘉永四年からはその井上とかなり頻繁に行き来しているので、その影響がなかったとはいえまい。あるいは橋本左内《はしもとさない》との交流も影響あっただろう。安政五年（一八五八）の日米修好通商条約締結、同六年の安政大獄を経て、万延元年（一八六〇）に遣米特使が派遣される頃からは幕府の対外姿勢も世の流れもはっきりと変わり、こうした幕府の外交活動に直接携わる井上清直その他の知人や若い世代の知友との交流を通じ、鶴梁も外国への関心の度合いを深めて行ったと考えられる。日記の記事には、たとえば、遡って弘化二年（一八四五）に『坤輿地全図《こんよちぜんず》』という世界地図と、『坤輿図識《こんよずしき》』（ともに箕作省吾《みつくりしょうご》著、『坤輿図識』は正続九巻）というわが国初の世界地誌が板行されたが、同三年の九月には当時在任中の甲府でこれを手に入れ、その後も何回か購入して知人に分かちなどもしている。ほかにも、病気の治療のために医師からエレキトルを利用した「ガルバニ」の購入を勧められたこと、「テレガラーフ、遠方へ通ずる蘭器」とか、また、華氏の気温や西洋暦年などを書いてみたりしている。また、『中外新報』という外国情報誌を友人間で貸し借りする記述もある。これは、当時中国の寧波《ニンポー》でイギリス人が発行していた外国事情に関する通信誌を、幕府洋書取調所が抜粋、漢訳して、随時刊行していたダイジェスト誌である。こうした記事から推し見ると、鶴梁は、攘夷派の漢学者といっても幕臣として禄をはんでいる境遇であるうえは、急進的な攘夷派志士のように外国人を蛇蝎《だかつ》のように嫌い、また、いつまでも外国への無関心を押し通す迷妄さはなく、現実を弁《わきま》え、時の流れにも聡《さと》くて、近づきつつある新しい時代と、西洋への関心、あるいは好奇心を抱いていたものであろう。もっともこうした鶴梁の外国事情への関心は、当時の知識人に共通した程度のものだったのかもしれない。

維新後の林鶴梁については、明治十一年（一八七八）の最期のときまで、髷《まげ》を落とさず両刀を脇にして西洋嫌いを押し通したという言い伝えがある。しかし今、彼の思想の一端を知るには『鶴梁文鈔』が遺るばかり。この格調高い漢文集の文章をもってしては、時代の転換期に生きた知識人の、揺れ動く心情や、矛盾を抱えた意識を読み取ることはできない。高山彦九郎を崇拝する尊皇派でありながら、維新政府出仕の勧めを拒んで、徳川家と運命をともにした幕臣であり、攘夷を唱えながら外国の事情にも関心を持つという、この生身の矛盾を抱き、時とともに変わってゆく彼の思想は、今のところ、この日記の記事をわずかな手がかりとして知るしかない。

先述の吉田佐五左衛門が、帰国の翌年二月、「亜墨利加《アメリカ》国の種物二十八包」を鶴梁に届けた。彼はこれを自分の邸の庭に播いている。その庭は、彼が斎名《さいめい》に「梅花深処」、あるいは「十七種素芳堂」と名付けたくらいに、梅林と、辛夷《こぶし》・萩など主立ったものだけでも十七種類の花々に埋まる自慢の庭園だった。その庭に、アメリカ渡来の珍しい植物が、どのような花を咲かせるのかを楽しみとしたことだろう。ただし、日記にはその種が咲かせたかも知れない花についての記事は見あたらない。

林鶴梁の一生とその人間関係

鶴梁の身辺

これまでに述べたように、この日記全体を通じ鶴梁が儒者・詩人や絵師、そのほか幕府内部の要人・各藩の藩士・大名の間にたいそう多くの知友・知遇を得ていることに驚く。彼がとくに日頃互いに行き来して親しくした文人は、先に挙げた絵師岡本《おかもと》秋暉《しゅうき》と蘇東坡《そとうば》を愛する医師渋谷竹栖《しぶやちくせい》・儒学者保岡嶺南《やすおかれいなん》、そして詩人藤森《ふじもり》天山（弘庵《こうあん》）である。このほかにも竹内雲濤《たけうちうんとう》・小野《おの》（横山）湖山《こざん》・遠山雲如《とおやまうんじょ》ら、梁川星巌《やながわせいがん》が主宰した玉池吟社《ぎょくちぎんしゃ》の同人、そのほか日記に登場する当時の詩人たちとの交友も、早くから始まっていたと見られる。日記全体を通じてこれらの文人との交友を物語る記事が多い。

しかし、鶴梁のもっとも特色とするところは、二十俵二人扶持の家禄、たかだか二百俵前後の役高で暮らしていた微禄の旗本としては、およそ思いも及ばない範囲の幕府要人や大名、諸藩の藩士との交流を持っていたことである。その主だったところを見ると、藤田《ふじた》東湖《とうこ》と、その同志高橋多一郎らをはじめとする水戸藩改革派の多くの人々、ついで岡本忠次郎（花亭）・川路聖謨《かわじとしあきら》とその弟井上清直《いのうえきよなお》・浅野長祚《あさのながよし》・伊沢政義《いざわまさよし》・大久保忠寛《ただひろ》・岩瀬忠《ただ》震《なり》・水野忠徳《ただのり》ら開明派の幕臣、吉田東篁《とうこう》・橋本左内《はしもとさない》（福井藩）、秋月悌次郎《あきづきていじろう》（会津藩）・原田小四郎（佐賀藩）・山田方谷《ほうこく》（備中高松藩）・門田撲斎《ぼくさい》（福山藩）・小原鉄心《おはらてつしん》（大垣藩）・山《やま》田《だ》三川《さんせん》（安中《あんなか》藩）・大久保要《かなめ》（土浦藩）・松根内蔵（宇和島藩）という、いずれも幕末史に名を残す人々との交流があり、書簡の往復、訪問や談論の記事が目立つ。またこれらの知友を通じて、水戸前藩主徳川斉昭《とくがわなりあき》・松代《まつしろ》藩主真田幸貫《さなだゆきつら》・土浦藩主土屋寅直《つちやともなお》・佐賀藩主鍋島斉《なべしまなり》正《まさ》閑叟《かんそう》・備中高松藩主板倉勝静《いたくらかつきよ》そのほか有力諸侯の知遇を得ている。

このうちすでに述べた徳川斉昭と鍋島斉正のほかにもう一人、松代藩主真田幸貫との間には格別に深い交誼が結ばれていた。幸貫は実父松平定信の英知を受け継いで藩政を一新し、さらに老中として天保《てんぽう》の改革の一翼を担う。しかし、天保十四年（一八四三）の水野忠邦失脚に伴い、体調のよくないことも理由に、翌弘化元年（一八四四）には幕閣を退いてしまう。鶴梁はこの幸貫の幕閣時代から特別に深いつながりがあって（『小伝』によれば鶴梁はその侍講だったという）、日記の初めからたびたび書簡の往復、面談という記事があり、夢に妻庫子《くらこ》とその夫妻に拝謁し、酒を酌み交わしながら閑談数刻に及ぶというものまでもあるほどだった。このことは、彼の幕吏としての異例な出世に少なからず力となっただろうと思わせる。また嘉永四年（一八五一）七月、その真田侯から同藩抱え町屋敷を譲られる（実際には九月）。これは藩主直接の好意によるもので、無償だったので礼として『黄石斎《こうせきさい》全集』三十二冊を贈り、また、間に立って奔走してくれた侍医渋谷竹栖へ五十両の礼金を渡し、藩の役人たちへもそれぞれ礼金・書籍を贈るなど、この間のいきさつを細々と日記に書いている。場所は同藩中屋敷のある麻布三河台の高台の東南側崖下、谷町の一角で、彼はここに自宅と賃貸しをするための家作を建て、十一月末にひとまず転宅、翌五年四月には新居が成ってそこへ移った。この地所は方十余畝（三百坪余）というが、自宅のほかに貸家も建て、梅林や蔬菜《そさい》の畑を作り、また種々の花木や草花を植えたりしたというから、そんなものではなかったかもしれない。また、このとき真田侯に「梅花深処」という書斎の名を揮毫《きごう》してもらい、後に安政の地震で壊れた家を改築したとき、これを額にして掛けたという（「梅花深処記」）。近隣には伊沢政義邸があり、隣の大垣藩邸には小原鉄心がいた。

こうしてこの屋敷は鶴梁ついの住処《すみか》となり、また、塾を開いて多くの門弟を迎える場所となるのである。なお、この転居の直後十二月に愛児卓四郎を、翌年三月には鈴を相次いで失うばかりか、その後間もない六月にはこの真田侯が病没するという悲運に見舞われた。

侯の生前に、鶴梁はこの真田侯が自分に向けられた格別の恩顧を感じ「与松代侯書」を作ってその徳を讃え、その亡き後は、「故松代侯手簡跋《ばつ》」を書いた。ここには侯から実に百余通の書簡を頂いたが、安政元年（一八五四）東海大地震の際に散逸し、わずかにそのうち三十五通しか手元に残らず、懐かしい侯の筆跡が残る封簡（包紙の類）四十三枚とともにまとめて一巻として子孫に遺すと述べている。

文久元年（一八六一）には、渋谷竹栖と藩儒山田安五郎（方谷《ほうこく》）を介して、寺社奉行（のち老中）に再任したばかりの備中高松藩主板倉勝静とも営中でたびたび接触するようになった。二月二十一日・五月十一日の両日は、招かれて藩邸を訪問した。方谷との交友はここで始まったものと見え、のち『鶴梁文鈔』の刊行に当たり、所載の各編に森田節斎・斎藤拙堂・藤森天山らと並んで、この方谷もいくつかの評文を寄せている。

以上のように、鶴梁の多彩をきわめる人々との交流は学問・詩文・攘夷運動などを契機として始められたと思われるが、実際にその交流の内容がどのようなものであったかについては、残念ながら日記にはあまり詳しく記述されていない。また、日記に名のみをとどめる書状の大半が、消失または未紹介の現在にあっては、残念ながらこれもその内容を知る手だてがない。『鶴梁文鈔』中のいくつかの文章、たとえばここに挙げた「与松代侯書」「与佐嘉《さが》侯書」、ほかに「与土浦侯書」「答藤田斌卿《ひんけい》書」、また「送巌瀬蟾洲《せんしゅう》（岩瀬忠震）

序」など、『文鈔』以外では先に挙げた『見聞偶筆』『慊堂日歴』や川路聖謨・橋本左内あての数通の書簡そのほか、ごく限られた資料があるばかり。なかでも藤田東湖をはじめとするこれまでにも挙げたような水戸藩改革派の人々との関わりは深く、こうした水戸人との交流が具体的にはどのようなものだったかについて、今後の調査が期待されるところである。

このようにして、ここで日記の記述をもとにしながらその多彩な人間関係に見られる共通点をつないでゆくと、次のような推測が成り立つ。鶴梁は、開明派の幕府官僚や一部の大名と終始深い関係を持ち続けたこと、友人藤田東湖との縁から、徳川斉昭を頂く尊攘派の一人として、水戸藩改革派の幕臣側シンパサイザーの役割を担っていたらしいが、中泉代官赴任の頃から次第に彼らとの関係を薄くしていたこと、また、安政の大獄の時期（この年の日記は現存しない）あたりから、攘夷思想とその関係者から遠ざかっていったらしいことなどである。また先に紹介したとおり、彼が若い世代との交流、世界事情に関する新しい著書などを通じて、近づきつつある海外諸国との関係に並々ならぬ関心を抱いていたことも、日記を読む限りでは確かなところと知られる。

林鶴梁の生涯と家族

林鶴梁の実名は戇《とう》（「愚直」の意）、通称は鉄蔵・伊太郎（天保十四年五月改名）、字《あざな》は長孺《ちょうじゅ》、号は酔亭・蒼鹿・鶴橋・鶴梁ほか、斎名は梅花深処・十七種素芳堂、ほかに変名百拙・中泉・夙板楼《はやしいたろう》など数多い。長孺は史記の汲《きゅう》・鄭《てい》列伝にある前漢武帝の諫臣汲黯《きゅうあん》の字「長孺」、戇はその本文中の「甚矣《はなはだしいかな》、汲黯之《きゅうあんの》戇也《とうや》」によったものだろう。この人が遊侠を好み、気節を尚《たっと》んだというところからこの名を得たと思われる。文化三年（一八〇六）八月十三日生まれ。また、出身については不明な点もあるが、今のところ、上野国《こうずけのくに》群馬郡萩原村（高崎市）の豪家西川氏ということが分かっている。これは、鶴梁唯一の伝記である『小伝林鶴梁』（坂口筑母著）による。また同書には、鶴梁は少年時代、同郡玉村町在住の儒家井田芹坪《きんぺい》を師と仰いだことが記されている。この人物は日記に出てくる井田金平と同一人であろう。また、後に出府して御先手組頭中山孫左衛門の庇護のもとにあり、師の助力を得て御家人林家の株を買い、林姓を称したことなども詳述されている。なおこれについては、永井荷風の『葷斎《くんさい》随筆』に、「祖父伊兵衛、父左十郎より三世鉄炮簞笥奉行配下の同心たり」という記述もある。日記その他の資料から分かる鶴梁の幕吏としての略歴は、おおむね表1のとおりである。

表1の履歴に見るとおり、鶴梁は終生一幕臣としてその生涯を送ったことになる。現存の日記の記事は、このうち⑨の途中から⑰までの約十九年間（ただし合わせて五年余の欠あ

表1　林鶴梁の履歴

履　歴	年　月　日	年齢	出　典
①御先手同心	不　明		『小伝林鶴梁』
②同上 「谷町同心」	天保3年	27歳	『慊堂日歴』
③鉄砲簞笥組同心 「武庫小吏」	不　明		『活版東坡策序』
④同上組頭	天保11年	35歳	『信山唫稿序』
⑤奥火の番	12年6月	36歳	『見聞偶筆』
⑥二の丸火の番か	同　8月	同	『慊堂日歴』
⑦御徒目付 「御史台駆使官」	同	同	『林鶴梁日記』
⑧御勘定帳面方・御目見得 「計吏」	13年 春	37歳	同
⑨評定所留役助出役 「理刑庁録事」	同　6月	同	同
⑩同免、元役 「会計簿書事」	14年9月	38歳	同
⑪小十人組	弘化3年1月	41歳	同
⑫甲府徽典館学頭出役	同	同	同
⑬同免、元役	4年3月	42歳	同
⑭新御番	同　11月	同	同
⑮代官　遠州中泉	嘉永6年6月	48歳	同
⑯同上　羽州柴橋	安政5年3月	53歳	同
⑰和宮下向につき供奉公家衆馳走賄	文久元年8月	56歳	同
⑱御納戸頭（払方）・布衣、七百石	2年12月	57歳	『柳営補任』他
⑲新徴組支配、千石	3年9月	58歳	同
⑳同免、寄合	同　11月	同	同
㉑学問所頭取	同　12月	同	同
㉒同免、勤仕並み寄合	元治元年12月	59歳	同
㉓致仕	明治元年	63歳	『小伝林鶴梁』

り）で、職務に関する事柄については、⑨評定所留役助《ひょうじょうしょとめやく》・⑫徽典館《きてんかん》学頭・⑮中泉・⑯柴《しば》橋《はし》の代官在職時の記述に興味深いものがある。

先に紹介した『鶴梁文鈔』中に、みずからの若年のころを示唆する次のような記事がある。

余、少にして遊侠を好む。後に感激するところあり、節を折って道を学ぶ。（略）余、過ちを改むる時年二十四、項羽紀を読むに及び、すなわち羽起つ時、年また二十四なるを知る。（「読項羽紀」）

鶴梁の少年時代がどうだったかを知る資料はきわめて少ない。このほかには、「君江戸人、少時磊落不羈《らいらくふき》」（「鶴梁文鈔序」森田節斎）、「少時宴楽豪肆《えんらくごうし》を好み、すこぶる世俗誹怪を取る」（「与松代侯書」）」とかの記述があるばかりだ。ただこうした文章のほかにも、麻布近辺で「林鉄」と呼ばれる「侠儒」だったと伝える談話記録などがあるところを見ると、若い頃にはかなり放縦な生活を送っていたらしいと想像がつく。ところが、その二十四歳、文政十二年（一八二九）には、彼にとって生涯の転機となる何かがあったらしい。右にいう「感激するところ」が何であったかについては、『史記』「項羽本紀」を読んだことのほかは明らかでないが、その三年前、二十一歳で江戸人川島達馬の次女久十六歳（日記では十七歳）と結婚しているから、あるいはその結婚生活もまた関係するのかもしれない。

それ以前については、古賀穀堂（佐賀藩儒者、詩人）の詩会清風社に、十数歳の童子をもってその末席に加わっていたとみずから述べている（「五峰遺稿序」）。ところが、彼が詩作に励んだのはもっぱら少壮のときであって、当時はちょうど飲食のように好んで詩を詠み、詩会の席で盛んに吟じた（「嗟老録序」）というほどだったが、仕官後は、職務が多忙でほとんど作らなくなったといっている。したがって日記には折に触れて詠んだ幾首かの詩が書き込まれているにもかかわらず、それらの詩を集成した刊本は見当たらない。自筆本も『鶴梁文鈔』所載の「怕笑録《はくしようろく》序」「十日録序」という序文ばかりあって、原本は私蔵されているらしく、見ることができない。松崎慊堂《こうどう》をはじめ、諸氏の詩集編纂には携わっているが、彼自身いうとおり、詩の創作には作文ほどに力を傾けなかったと見ていいだろう。

二十五歳、天保元年（一八三〇）には長野豊山《ほうざん》に入門、作文を修めた。この長野豊山は伊予の人、中井竹山門下の文章家で、しばらく前橋藩校で教鞭をとったが、狷介《けんかい》な性格が禍して退けられ、江戸に私塾を開いた。『治国要法』など数種の著作がある。のち鶴梁は、「文章、世道に功なくんば、則ち作らずとも可也」（藤森弘庵『航湖紀勝』序）を持論とし、この考えに立ってか、「戦論」などの論策文を草し、また、ときに上層部に対し建言を行っていることが日記に見える。のちに、狂愚の自分が「腐爛の説」をみだりに執政・大臣

図14　松崎慊堂画像

の前に述べ、台閣諸公の疑怪を受けたともいっている（「与諏訪公書」）。下級の幕臣の身でありながら、日頃攘夷と海防の急務を思い、その政治的な信念あるいは野心から得意の文章をもって建白や献策を行うことを、おのれの使命の一つと弁《わきま》えていたのではないかと思う。この『航湖紀勝』に同じく添えられた長野豊山の、飢饉に苦しむ霞ヶ浦漁民に思いを致す文を読むと、鶴梁のこうした信条は、少なからず師豊山の影響下につちかわれたものと推察することができる。なお、『鶴梁文鈔』中の「作文秘訣」には、自分は豊山以前に佐藤一斎にも師事し、作文の要訣について教えを受けたが、そのときは意を得なかったとも述べている。

二十七歳、天保三年には松崎慊堂に入門、以後その日記『慊堂日歴』に名をとどめるようになる。静嘉堂《せいかいどう》文庫蔵の原本（東洋文庫本には載せていない）二月二十七日の末尾に、

林鉄蔵、井田定七門人、谷町同心、廿七歳。すこぶる書を解す。初めて謁す。士広、介をなす。

と書き込んであるのが初出。「士広」は漢学者・詩人でありながら蘭学にも通じて、幕末、奥州列藩同盟にも関わった大槻《おおつき》磐渓《ばんけい》である。この後、慊堂の没する同十五年までこの師弟関係は続いた。松崎慊堂は肥後の人で、林述斎の門、経書《けいしょ》の注疏考証とその校訂出版に力を注ぐ一方、鶴梁とも親しい渡辺《わたなべ》崋山《かざん》・安井《やすい》息軒《そっけん》・塩谷《しおのや》宕陰《とういん》・山田《やまだ》三川《さんせん》ら多くの門下生を世に出した。鶴梁はこの慊堂のもとで読書法を学んだとしている（「跋慊堂先生詩」）。同文中に、その頃の自分はまだ若かったので、先生の教えの可否を疑ったことがあるとは、入門してから三十年後の述懐である。林復斎（大学頭）や保岡嶺南・尾藤水竹といった儒学者との交友が始まったのもこの時期だろう。

そしてプロローグで紹介したとおり、日記冒頭の天保十四年一月に、師慊堂から題簽《だいせん》に「鶴梁掌記」と師の自筆まである白冊を添えて、日記の記述を勧められたいきさつと、加えて「羽叟《うそう》隠居（松崎慊堂）二十三年日歴二十四巻あり」の記事がある。もっとも、現存の日記原本には、この題簽は無い。ともかく鶴梁は、このとき師の勧めに従って日記を書き始めたものと思われる。こうして三十八歳から五十六歳まで十九年間のうち、今残る十四年分余の日記を通じ、これまでに概略述べたような履歴、日々の公私生活や心情を知ることができる。

しかし、文久元年（一八六一）半ばで終わるこの記録の後、彼がどういう暮らし方をしたものかについては今のところほとんど分かっていない。先に記したように、短い期間にいくつかの職を転じ、幕府崩壊と同時に職を辞して麻布谷町の自宅での退隠の生活に入っている。このとき六十三歳であった。「与小松生論出処書」によると、維新のあと間もなく新政府へ出仕の誘いがあったらしい。しかし、彼はそれを退け自宅に開設している漢学塾端塾にあって、門下生の指導に当たりながら余生約十年を送った。その塾を開いた時期がいつであったかは、いま明らかでない。ただ天保十四年九月に評定所留役助を解かれたとき、「病間所得」として幾首かの詩を作り、それを塾生に命じて写し取らせているので、役所勤めのかたわら、すでにこのとき自宅に私塾を設けていたことが分かる。これが嘉永五年（一八五二）開塾とされる端塾（明治六年届出、『大日本教育史資料』文部省編）まで、断続しながら続けられていたことであろう。その門弟の中には、高名な政治家犬養《いぬかい》毅《つよし》や言論人末広《すえひろ》鉄腸《てっちょう》、信濃の教育者浅井《あさい》洌《れつ》、横浜の商人中居重兵衛など、多彩な人々がいるという（『小伝』ほか）。なおここに一人、環《たまき》新一郎節堂という人物が、神奈川県の自由民権運動を推進した山口左七郎ら地方在住の青年たちの指導者として名をとどめている（『足柄上郡志』）。同書によればこの人は浦和出身で、初め鶴梁塾の学僕、やがて学問精進の結果塾頭にまでに進み、のち浦和県大参事を勤めたという。こうしたことから推して、まだほかにも知られていない類例があるのではなかろうか。いずれにせよ、鶴梁のこの面での仕事が幾人もの優れた門弟を育てた実績は大きいと思われる。のち彼らはその活躍によってわが国の歴史に何らかの足跡を刻み、また浅井洌やこの環節堂のように、地方民衆の指導層となる青年たちの教育に従事した者もいることに注目したい。

こうして鶴梁は、維新後まったく官界との縁を断って、次世代を担う若者たちに漢学を通して仁義忠孝の道を説くかたわら、亀谷省軒《かめたにせいけん》や菊池三渓《きくちさんけい》などといった少数の詩人と交わり、また明治四年（一八七一）九月には知人と門弟を伴って奥多摩探勝に出かけたりという自適の生活を送った。このうち三渓との交友が今村栄太郎氏の『深編み笠の林鶴梁』（『日本古書通信』四一四号）に、鶴梁自筆の扇面の写真とともに紹介されている。氏は三渓自筆本『三渓遺稿』を蔵しておられ、その中に「梅花深処記」があり、ここに三十年ぶりに会った二人が半日の閑談の後、大小に深編み笠姿で、飯倉片町に住む元越後三根山《みねやま》藩主牧野忠泰《ただひろ》邸を訪問した折のことが書かれているという。同藩は幕末北越戦争で河井継之助《かわいつぐのすけ》の指揮下で戦い、敗れて謹慎、帰順の運命をたどった。同じ戊辰《ぼしん》戦争で次子鋼三郎を失い、進退を幕府と共にした鶴梁とは意気通ずるところがあったのだろう。このとき、鶴梁はその牧野忠泰の侍講を勤めていたということだ。

鶴梁は明治十一年（一八七八）一月十六日、七十三歳でその生涯を閉じた。伝によれば、この亡くなる前日、鶴梁は塾生らを病床の枕辺に呼んで最後の講義をし、当日は大小を握って端座したまま瞑目したという（『小伝』）。なお先に挙げた「与小松生論出処書」の末尾に、自分が徳川氏への節義を守って退隠し、生を全うするについて、

> 他日国家の続大日本史の撰あるや、幸いにして名を将軍家臣伝の末に列するを得ば、すなわち足る。

と結んでいるが、これこそ維新後に命長らえた老幕臣林伊太郎の最後の願いであったといえよう。のち大正五年（一九一六）、新徴《しんちょう》組支配頭（わずか二ヵ月にも満たない間だったが）の功により正《しょう》五位の位階を追贈されたことが、彼の魂にとってせめてもの慰めとなっただろうか。墓は港区赤坂一丁目アメリカ大使館裏の澄泉寺にある。

鶴梁の家族は、日記の記事からすると、まず先に述べたように彼が二十一歳の折、川島氏の女《むすめ》久《ひさ》と結婚し、その久との間に国太郎と鋼三郎の男児二、女児の鈴をもうけたことが分かる。その妻には天保十四年三月、久三十三歳の折に死別し、また鈴は嘉永五年三月、十六歳で没した。そしてこの最初の妻を失った年の歳末に中井氏の女庫《くら》子と再婚し、その妻との間には男児卓四郎、女児琴・瑟《しつ》の三人を得た。しかし、嘉永四年十二月に卓四郎が八歳で亡くなり、文久元年七月に五歳で瑟を失った。こうした愛妻・愛児の死を悼む記事は、いずれもその文言や行間に悲痛な心情が滲み出て目を惹くものがある。

また江戸では母が同居していて、中泉へも伴いその地で死別したらしいが、そのときの

図15 林鶴梁の墓のある澄泉寺（東京都港区）

図16 林鶴梁墓（東京都・澄泉寺所在）

記事は見当たらない。ただ安政五年（一八五八）三月五日に忌日の記載があるので、欠巻となっている安政四年のその頃、八十一歳で亡くなったものと推察できる。名前そのほかは分からない。ただこの母は実母ではなく、川島氏で先妻久の母だったといわれる（『小伝』）。中泉の万徳寺にはその人、証楽院殿釈光明徹昭大姉の墓があって、同年五月晦日、鶴梁は中泉を去るに当たってその墓へ詣り、別れを告げている。

この後については、やはり『小伝林鶴梁』によると、長男国太郎は父鶴梁とも関わりの深い昌平坂《しょうへいざか》学問所で教授方を勤めたが、その父に先立って明治五年に亡くなったとされる。次男鋼三郎は、先述のとおり明治元年、戊辰戦争で戦死した。この二人と他家へ嫁した女子琴にはそれぞれ子孫があり、この三家がその血統を伝えているという。

これらの家族とともにした日々の家庭生活に関しては、日記にもかなり細々と記されていて、その内容は、本文中にその一端を紹介したとおりである。こうした武士の家庭生活に関する記録の類は珍しく、ことの一部始終はそれぞれに興味深い。要は、従来知られている刊本『鶴梁文鈔』からは読み取り難かった、文人幕吏林伊太郎鶴梁の、こうした日常生活の中で発露される人間的側面が、この日記に記された記事を通して豊かに甦って来る、ということである。

林鶴梁日記について——エピローグ

『林鶴梁日記《はやしかくりょう》』は、江戸幕末期の幕吏でありまた漢学者でもあった林鶴梁の、天保十四年（一八四三）三十八歳から文久元年（一八六一）五十六歳までの日記である。この間、実質五年あまりの空白はあるが、その他はほぼ欠けることなく日々の公私生活を記し、さらに年によっては巻末に種々の覚え書きを書き添えている。

現存の日記原本は全十五冊、縦一八㌢、横一三㌢の小型冊子で、一年分で一冊、都合十五冊、それが次に掲げるように二〜四冊ずつ六巻にまとめて綴じてあり、その表紙に「鶴梁林先生日記」と記してある。いずれも同じ雁皮紙《がんぴし》を使い、紙面には記事が細字で細々と書き込まれている。その記述はときに前後錯綜し、また酔筆とおぼしく筆跡が乱れ、後から書き加えられたと見られる部分もあって、判読しにくいところもある。年によっては墨

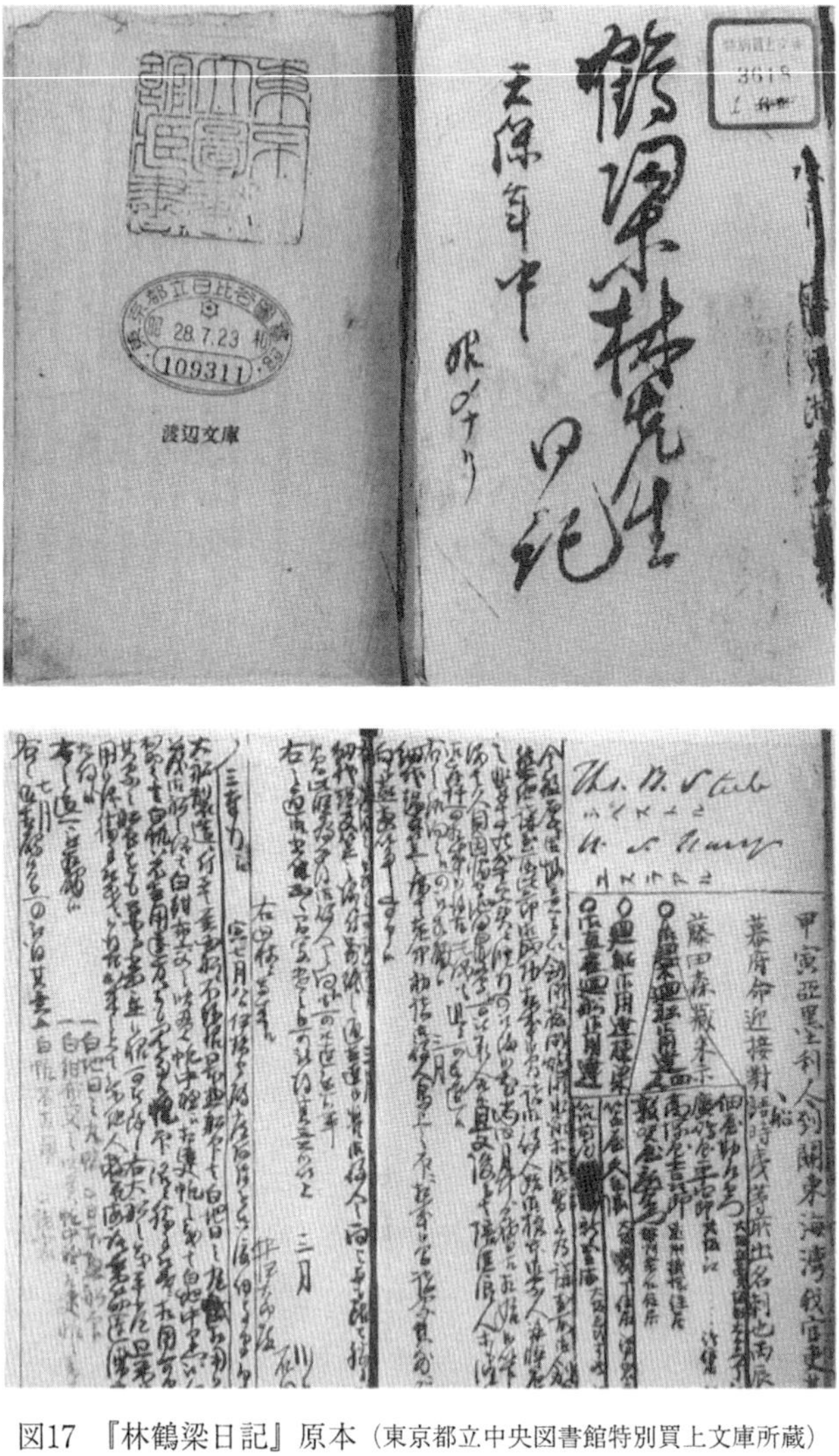

図17 『林鶴梁日記』原本（東京都立中央図書館特別買上文庫所蔵）

で抹消した行が何ヵ所もあり、それが数行に及ぶ所もある。これらの特徴は、記事の内容とともに、この日記が他見を予想しない、しかし、万一を考えて用心深く不適当な部分を後で消した、あくまでも筆者の私的な日記だということを物語るものであろう。現存六冊の構成は次のようになっている。

第一分冊　天保十四年（一八四三）正月から十二月まで一冊
　　　　　　　この間二年欠
　　　　　弘化三年（一八四六）正月から十二月まで一冊
第二分冊　弘化四年（一八四七）正月から嘉永元年（弘化五年、一八四八）十二月まで二冊
第三分冊　嘉永二年（一八四九）正月から嘉永三年（一八五〇）十二月まで二冊
第四分冊　嘉永四年（一八五一）正月から嘉永六年（一八五三）十月十四日まで三冊
　　　　　　　この間二ヵ月半欠
第五分冊　安政元年（嘉永七年、一八五四）正月から安政二年（一八五五）十二月まで二冊
第六分冊　安政三年（一八五六）正月から同年九月二十二日まで一冊
　　　　　　　この間一年三ヵ月余欠

安政五年（一八五八）正月から同年五月晦日まで一冊

この間一年七ヵ月欠

万延元年（安政七年、一八六〇）正月から文久元年（万延二年、一八六一）九月十三日まで二冊

鶴梁の残した日記の全容がどのようなものだったかについては、今は知ることができないが、現存の十五冊のほかにも何冊かはあったらしいという痕跡が、永井荷風の『断腸《だんちょう》亭日乗《ていにちじょう》』昭和十九年（一九四四）十月の記述に残っている。それは次のような記事である。

森銑三《もりせんぞう》君来り、写本柳北《りゅうほく》の航薇日誌及林鶴梁の日記十二冊を示さる。天保十四年より明治初年まで三十余冊ある由なり。（十月十六日）

ここにいう「全三十余冊」が事実であったとすれば、現存十五冊はその半分でしかなく、あとの十五冊余はこの後どのような経過をたどったものだろうか。なお、荷風は戦後もこの日記を目にし、借覧している。

凌霜《りようそう》子《し》来語、林鶴梁の日誌を示さる。（昭和二十四年十二月十六日）

林鶴梁の日誌を読む。（昭和二十五年正月二十五日）

残念ながら荷風がこのとき目にしたものが何冊であったかの記述はない。また、日記は昭和十九年当時「森銑三君」の所蔵だったものか。原本は林家から出て、のち水戸藩出身

の史家内藤耻叟《ちそう》ら数人の手を経ているが、その所蔵者の中に昭和十五年には渡辺刀水《とうすい》（軍人・国学研究者）がいて、この人が森銑三と同じ三古会という古書画愛好家の懇話会の一人であったことが分かっているから、このときはいずれその関係で手にしていたものと考えられる。また「凌霜子」は相磯勝弥、当時池上本門寺近くに住んで、荷風とは昭和十七年から後に亡くなるまで、長い交際が続いた。あるいはこの人も何らかのかたちで関わった時期があったのだろうか。原本はその後、昭和二十八年、特別買上文庫の一つとして東京都の所有するところとなり、今は東京都立中央図書館に収蔵されている。

あとがき

去る二〇〇二年、私は東京都立中央図書館に現存する林鶴梁《はやしかくりょう》の日記全六冊を『林鶴梁日記』として翻刻・編集し、全六巻にまとめて刊行した。その翻刻にあたって全文を通読し、これまで一部の人にだけ知られていた林鶴梁について、興味ある日常を身近に感ずることができた。そこでこの際、この日記本文と著作集『鶴梁文鈔』をもとに、鶴梁の人生の一半を紹介し、およばずながらその人物像を描いてみようとした。

この日記は、すでに多く見られる公家・大名やその家臣たちとか、町役人・宿場役人、地方《じかた》の村役人らが書き残した役向きのそれとは違い、近・現代の諸家が書きとめた日記と同じように、ごく個人的な内容を書き記した私日記である。したがって、その記事は他人の目を予想しないせいか、鶴梁個人の生活に関する記事が主となっていて、さらに折々の感想も書きつけてあるので、おのずと書き手の人柄や人物像を読み取るのにも都合がよくなっている。信奉した尊皇攘夷の思想そのものに触れる記述はごく少ないが、多くの断片的な記事の中で歴史上の大きな事件に触れ、また、職務の内容、多種多様な人々との交流、生々しい日々の生活のありさまが語られている。しかも、文章家また詩人の感性を備えていた鶴梁の筆には独特の力があり、そこには、幕末というこの国の歴史の中でもとくに波風の激しい時代に生きた一人の知識人の生きざまが浮かび上がってくる。また、従来から幕末といえば、とかくはなばなしい事件や勝者の側の伝記・記録のたぐいばかりに光があてられてきたが、動き出した時代の波の下に隠れがちに、その流れを見据えながら、地道に民政に取り組んでいた幕臣がいたということを、この日記を読んで新たに知ることができた。

鶴梁の生涯と作品についてはまだ分からないところが多く、今後の資料出現が待たれる。ここでは、とりあえず目にすることができる限りの資料にもとづいてその生涯のあらましを述べたつもりだが、内容は私の気ままな選択によったので、まだ紹介の及ばない生活の断面、登場人物などが残っている。今のところまとまった伝記は、坂口筑母著『小伝林鶴梁』のほかにはなく、本書でもたびたびこれを引用させていただいたが、とくに交流のあった人物については、同書に詳しく記述されている。

なお、絵師吉田《よしだ》柳蹊《りゅうけい》の人物特定については、山梨在住の県史編さん専門調査員樋泉明氏から有力な情報をいただいた。教示された資料は本文中に挙げたとおりである。幸生《さちう》銅山に関しては、寒河江市史編纂委員の宇井啓氏のご教示を仰ぎ、同市在住の大沼浩二氏のご協力を煩わした。またその他の資料について、伊勢原市在住の雨岳文庫理事長山口匡一氏と、恩師稲毛恍先生の示唆を仰いだ。そして、本書の刊行にあたっては、吉川弘文館編集部の伊藤俊之氏・斎藤信子氏のお力添えをいただいた。ここに右の方々の篤いご好意に対し、感謝の心を表したい。

昨今、林鶴梁というと、赤城山麓の徳川埋蔵金伝説に関わったという説があるが、もちろん日記にはなんの手がかりもなく、また、信頼できる資料にも巡り逢ってもいない。彼が幕臣としての節義を貫いたことと、上州高崎の出身という二点以外にその伝説と結び付けるものは見あたらない。たしかに将軍の手元金を扱う納戸《なんど》頭《がしら》を勤めたが、これとて維新の六年前の十カ月にも満たない期間である。要はこの日記のほかに詳しい資料がなく、幕府滅亡前後の動静がよくわからないというところが、埋蔵金の謎と合わせて語られる理由になっているのだろうか。

二〇〇九年七月

保田晴男

参考文献

保田晴男編『林鶴梁日記』日本評論社、二〇〇二年
坂口筑母『小伝林鶴梁』私家版、一九八〇年
山田琢訳注『慊堂日歴』(『東洋文庫』)、一九七〇年
ハリス著・坂田精一訳『日本滞在記』(『岩波文庫』)、岩波書店、一九五三〜五四年
村上直・荒川秀俊編『江戸幕府代官資料』吉川弘文館、一九七五年
村上直『江戸幕府の代官群像』(『同成社江戸時代史叢書』一)、同成社、一九九七年
西沢淳男『代官の日常生活』(『講談社選書メチエ』三一四)、講談社、二〇〇四年
鈴木昶『江戸の医療風俗事典』東京堂出版、二〇〇〇年
宇佐見龍夫『大地震―古記録に学ぶ』そしえて、一九七八年
鈴木暎一『藤田東湖』(『人物叢書』)、吉川弘文館、一九九七年
藤田覚『天保の改革』(『日本歴史叢書』三八)、吉川弘文館、一九八九年
吉田常吉『安政の大獄』(『日本歴史叢書』四六)、吉川弘文館、一九九一年
森銑三著・小出昌洋編『新橋の狸先生』(『岩波文庫』)、岩波書店、一九九九年
高田真治・後藤基巳訳『易経』(『岩波文庫』)、岩波書店、一九六九年
永井荷風『断腸亭日乗』岩波書店、一九八一年

笹間良彦『江戸幕府役職集成』雄山閣出版、一九六五年
郡司亜也子「岡本秋暉の画業と作品」『岡本秋暉』展図録、平塚市美術館、二〇〇四年
宮永孝『万延元年の遣米使節団』(『講談社学術文庫』)、講談社、二〇〇五年
日比野秀男ほか『定本・遠州の南画』静岡郷土出版社、一九八九年
富士川英郎編『紀行日本漢詩』汲古書院、一九九二年
鈴木棠三・小池章太郎編『藤岡屋日記』三一書房、一九八七～九五年
景岳会編『橋本景岳全集』全三巻、東京大学出版会、一九七七年
山梨県編『山梨県史』通史編、二〇〇七年
磐田市史編さん委員会編『磐田市史』史料編、一九九四年

著者紹介

一九三五年、神奈川県に生まれる
一九五八年、法政大学文学部日本文学科卒業
元、神奈川県立公文書館嘱託

主要編書・論文

藤岡屋日記（翻刻）　鈴木修理日記（編・翻刻）　林鶴梁日記（編・翻刻）　取材魔藤岡屋由蔵の江戸市中事件簿（『歴史と旅』一九―一三）

歴史文化ライブラリー
283

ある文人代官の幕末日記
林鶴梁の日常

二〇〇九年（平成二十一）十一月一日　第一刷発行

著　者　保《やす》田《だ》晴《はる》男《お》

発行者　前田求恭

発行所　株式会社 吉川弘文館
東京都文京区本郷七丁目二番八号
郵便番号一一三―〇〇三三
電話〇三―三八一三―九一五一〈代表〉
振替口座〇〇一〇〇―五―二四四
http://www.yoshikawa-k.co.jp/

印刷＝株式会社 平文社
製本＝ナショナル製本協同組合
装幀＝清水良洋・星野槙子

歴史文化ライブラリー

1996.10

刊行のことば

現今の日本および国際社会は、さまざまな面で大変動の時代を迎えておりますが、近づきつつある二十一世紀は人類史の到達点として、物質的な繁栄のみならず文化や自然・社会環境を謳歌できる平和な社会でなければなりません。しかしながら高度成長・技術革新にともなう急激な変貌は「自己本位な刹那主義」の風潮を生みだし、先人が築いてきた歴史や文化に学ぶ余裕もなく、いまだ明るい人類の将来が展望できていないようにも見えます。このような状況を踏まえ、よりよい二十一世紀社会を築くために、人類誕生から現在に至る「人類の遺産・教訓」としてのあらゆる分野の歴史と文化を「歴史文化ライブラリー」として刊行することといたしました。

小社は、安政四年（一八五七）の創業以来、一貫して歴史学を中心とした専門出版社として書籍を刊行しつづけてまいりました。その経験を生かし、学問成果にもとづいた本叢書を刊行し社会的要請に応えて行きたいと考えております。

現代は、マスメディアが発達した高度情報化社会といわれますが、私どもはあくまでも活字を主体とした出版こそ、ものの本質を考える基礎と信じ、本叢書をとおして社会に訴えてまいりたいと思います。これから生まれでる一冊一冊が、それぞれの読者を知的冒険の旅へと誘い、希望に満ちた人類の未来を構築する糧となれば幸いです。

吉川弘文館

〈オンデマンド版〉
ある文人代官の幕末日記
林鶴梁の日常

On Demand
歴史文化ライブラリー
283

2019年（令和元）9月1日　発行

著　者　保《やす》 田《だ》 晴《はる》 男《お》
発行者　吉 川 道 郎
発行所　株式会社 吉川弘文館
〒113-0033　東京都文京区本郷7丁目2番8号
TEL　03-3813-9151〈代表〉
URL　http://www.yoshikawa-k.co.jp/

印刷・製本　大日本印刷株式会社
装　幀　清水良洋・宮崎萌美

保田晴男（1935～）

ISBN978-4-642-75683-9